KB268217

더 퍼스트 미닛

THE FIRST MINUTE

더 퍼스트 미닛

크리스 페닝 지음 | 김주희 옮김

중앙books

더 이상 시간 낭비 없이 소통하고 싶다면?

이 책은 우리가 일상적인 업무를 할 때 사람들과 이전보다 분명하고 간결하게 소통할 수 있는 구체적인 방법을 알려주는 책이다. 이 책은 다음과 같은 핵심 원칙에서 출발한다.

- 상대방이 대화 내용을 받아들일 준비가 될 수 있도록 대화의 맥락을 먼저 준비하자.
- 대부분의 사람들은 바쁘다. 사족을 앞에 붙이지 말자.
- 업무 대화는 해결책까지 함께 제시할 수 있어야 한다.

우리는 직장에서 하루에 수십 명 때로는 수백 명과 이야기를 나눈다. 각 대화는 서로 다른 업무와 주제를 다루고 있고, 또 서로 다른 목표와 결과를 추구한다. 여기에 맹점이 있다. 말을 시작하는 화자는 대화를 시작할 때 상대방에게 무엇을 이야기할지 이미 알고 있지만, 청자는 그런 정보를 알지 못한 채 대화를 시작하게 된다는 점이다.

대화가 시작되면 말을 듣는 사람, 청자의 뇌는 말의 맥락을 이해하기 위해 움직이기 시작한다. 왜 상대방이 자신에게 그런 이야기를 하는지, 제공받은 정보로 무엇을 해야 하는지 파악하려 애를 쓰는 것이다. 그런데 이런 점이 대화의 도입부에 명확하게 나타나지 않으면 청자는 혼자만의 생각에 빠질 수 있다. 대화를 하면서 자기 나름의 해석을 만들어내는 것이다. 즉 화자의 의도와는 관계없이 청자 혼자서 잘못된 생각, 판단으로 대화가 이어질 수 있다는 의미다. 이는 결국 불필요한 시간 낭비, 잘못된 판단, 큰 비용이 투여되는 등의 수많은 실수와 문제로 이어지게 된다.

지멘스 엔터프라이즈 커뮤니케이션스Siemens Enterprise Communications의 연구에 따르면 100명 규모의 기업은 불명확한 의사소통을 바로잡는 데 매주 평균 17시간을 사용한다고 한다.[1] 이를 연간으로 환산하면 884시간. 어마어마하다. 이는 사실상 고객 가치 창출에 활용할 수 있었던 귀한 시간인데 말이다.

그렇다면 이런 비효율로 인한 손실을 어떻게 줄일 수 있을까? 무엇보다 일터에서 일어나는 업무상의 모든 대화는 명확하고 간결하게 시작되어야 한다. 회사에 있는 A4 용지를 주제로 대화를 하든, 수십억 원 규모의 광고를 주제로 대화하든 마찬가지다.

앞으로 이 책에서 이야기할 메시지는 딱 한 가지다. 모든 대화는 맥락, 의도, 핵심 메시지가 분명하면 성공적으로 시작할 수 있다는 것. 아무리 복잡한 주제라도 적절한 구조로 요약하면 대화를 단순하고 명확하게 시작할 수 있다. 이 책에 소개된 기법을 적용하면 그 과정은 채 1분도 걸리지 않을 것이다.

업무 대화가 시작되는 첫 1분에 집중할 수 있다면 당신은 앞으로 모든 업무 대화를 성공적으로 이끌 수 있다. 이를 꾸준히 실천하는 사람은 점차 유능한 소통가로 인정받게 될 것이다.

이 책은 대화 상대가 실제 필요로 하는 정보를 전달하는 데 주목한다. 대화의 첫 1분은 모든 정보를 상대방에게 억지로 밀어 넣는 시간이 아니다. 우선 대화의 의도를 명확히 밝히고, 단 하나의 주제에 집중하며, 문제보다 해결책을 중심에 두는 시간이다.

효과적인 첫 1분은 다음의 두 단계로 구성된다.

1단계

대화의 틀을 잡는 과정인 프레이밍을 15초 이내에 만들어야 한다. 프레이밍 과정에서 우리는 대화의 배경과 맥락을 제시하고, 의도를 명확히 밝히며, 핵심 메시지를 나타내야 한다.

2단계

전달해야 할 전체 메시지를 구조화된 개요로 정리한다. 목표를 명시하고, 목표 달성을 가로막는 문제가 무엇인지를 파악한 다음, 해결책에 초점을 맞춘다.

위의 두 단계를 따르면, 우리는 앞으로 어떤 업무 대화를 누구와 나누든 명확하게 소통하고 있다는 확신을 가지고 시작할 수 있다. 주제가 아무리 복잡하더라도, 이 모든 과정은 1분 이내에 완료될 것이다.

이 책을 통해 우리는 다음의 방법을 터득할 수 있다.

- 업무 대화나 회의를 간략하고 효율적으로 진행하는 법
- 주제에서 벗어나거나 횡설수설하지 않고 핵심에 빠르게 도달

하는 법

- 상대방이 메시지를 이해했다고 잘못 판단해 발생하는 오류를
  줄이는 법
- 내가 원하는 방향으로 대화를 이끄는 법
- 다양한 상황에 한 가지 간단한 기법을 적용해 좋은 성과를 거
  두는 법

우리가 조직 내에서 어떤 직책을 맡았든, 어느 직급에 속하든 상관없다. 이 책의 원칙을 따르다 보면 어느새 명확하고 간결하며 효과적으로 핵심을 전달하는 소통가가 되어 있을 것이니까.

직장에서 흔히 발생하는 대표적인 의사소통 오류의 원인부터 살펴보자.

- 맥락 없음
- 목적이 불분명함
- 핵심을 모르겠음
- 하나의 대화 안에 여러 가지 이야기가 뒤섞임
- 장황함

이 책은 위와 같은 오류의 원인을 피하고, 전체 메시지를 1분 안에 요약하는 방법을 다룬다. 이 방법으로 작성된 개요는 화자가 달성하려는 목표, 그리고 화자가 청자에게 기대하는 바를 분명하게 드러낸다. 이 책은 또한 위의 방법이 다양한 상황과 산업, 직무 유형에 어떻게 활용되는지 살펴본다.

이뿐만 아니라 대화의 프레임을 구성하는 세 가지 요소인 맥락·의도·핵심 메시지가 어떻게 성공적인 대화의 기반이 되는지 확인한다.

마지막으로 대화의 개요를 효과적으로 구성하는 세 가지 요소인 달성하려는 목표, 그 목표 달성을 가로막는 문제, 그 문제에 대한 해결책을 살펴본다. 이 세 가지 요소만 있으면 어떤 대화의 주제든 간결하게 요약할 수 있다. 마지막 장에서는 위와 같은 기법을 다양한 상황에 적절하게 적용하는 방법을 다룬다.

이 책을 읽는 동안 우리는 관리자, 소프트웨어 개발자, 비서, 임원 등의 사람을 만날 것이다. 또한 좌절을 경험하고, 대화의 롤러코스터에 올라타고, 자동차 정비사에게서 놀라운 교훈을 얻으며, 또 사람을 우주로 보내는 과정에 막대한 비용이 드는 진짜 이유를 알게 될 것이다.

이 책은 그동안 내가 비즈니스를 하며 수집한 다양한 사례를 포함해 전문 기술 분야에서 이루어진 2만 건 이상의 대화를 바탕으로 탄생했다. 그동안 나는 전 세계 곳곳에서 개인과 팀을 대상으로 효율적인 의사소통 기법에 대해 강연하고 코칭했다. 신생 창업기업부터 포춘Fortune 50대 기업과 FTSE 100 기업에 이르기까지 크고 작은 다양한 조직과 함께 일했고, 내가 적용한 의사소통의 기법은 조직 내 커뮤니케이션에 놀라운 성과를 거뒀다.

그동안 일터나 직장에서의 소통에 대해 조금이라도 답답하고, 또 문제를 겪어온 사람이라면 이 책에 소개된 기법을 통해 이전보다 훨씬 간결하고 명확하며 또 실제 성과로 이어지는 대화를 하게 될 것이다.

일터에서의 소통이란 당신이 생각하는 것보다 어렵지 않다. 모든 소통은 첫 1분에 달려 있다는 것만 알면 된다.

차례

들어가며 더 이상 시간 낭비 없이 소통하고 싶다면?_5

1장 | **대화의 시작, 첫 1분이란?**

첫 1분은 업무 이야기를 꺼내는 순간부터 시작된다_17

2장 | **15초 안에 완성하는 대화의 프레이밍**

왜 일터에서의 대화가 어려울까?_25

맥락CONTEXT_35

의도INTENT_40

핵심 메시지KEY MESSAGE_56

하나로 합치기_70

다양한 주제는 각각 분리하기_77

3장 | **대화의 개요를 구조화 시키기**

구조화된 개요STRUCTURED SUMMARIES 란?_101

구조화된 개요 작성하기_106

1분 안에 요약하지 못할 정도로 복잡한 문제는 없다_124

해결책은 미래 지향적이어야 한다_141

4장 | **시간 & 대화 상대 확인하기**

시간 확인_159

대화 상대의 상황 확인_165

5장 | **다양한 상황에 소통 기법 적용하기**

이메일_179

회의_193

프레젠테이션과 상부 보고, 기타 상황_212

질문을 받을 줄 예상하지 못한 상황_218

면접 상황_226

나가며 명확한 의사소통은 첫 1분에서 시작된다_237

감사의 말_240

집필에 활용한 자료들_243

주석_244

1장

대화의 시작,
첫 1분이란?

첫 1분은 업무 이야기를
꺼내는 순간부터 시작된다

앞으로 이 책에서 계속 이야기하게 될 '첫 1분'의 의미부터 알아보자. '첫 1분'이란 업무 이야기를 꺼낸 직후부터의 1분을 이야기한다. 누군가를 만나서 인사를 나누거나 안부를 묻는 시간은 포함되지 않는다.

첫 1분은 업무 대화가 시작되는 시점, 바로 개인적인 이야기에서 업무로 대화 주제가 전환되는 순간부터 시작된다.

관계를 형성하고 발전시키는 대화의 첫걸음을 설명하는 책은 이미 시중에 많이 출간되어 있다. 면접이나 데이트에서 매력적인 첫인상을 주는 법을 알려주는 책도 있다. 까다로운 대화를 시작하는 법을 다루는 책도 있다. 하지만 이런 책들은 정작 일상적인 업무 대화를 어떻게 시작해야 하는지는 가르쳐주지 않는다.

반가운 인사를 하며 상대방에게 좋은 첫인상을 남겼더라도, 대화 주제가 업무로 넘어가게 되며 점차 좋은 인상을 망칠 수도 있다. 사람들에게 아무리 많은 호감을 얻더라도 정보를 체계적으로 전달하는 방법을 모른다면 점차 일터에서, 직장에서 외면 받게 된다.

왜 첫 1분이 중요한가?

직장 내에서 어떻게 소통하느냐에 따라 개인의 평판은 달라진다. 동료와 어떻게 소통하느냐에 따라 기회를 얻거나 잃을 수 있고, 그 결과는 직장 내에서 매우 중요할 수 있다. 실제로 동료나 상사와 제대로 소통할 줄 모르는 취약한 의사소통 능력은 승진 누락의 주요 원인으로도 꼽힌다. 쉽게 말해 상사에게 '업무 보고'를 어떻게 하느냐에 따라 그 사람의 능력치는 달라 보이니까.[2] 이는 관리자 직책에 지원하는 사람에게 특히 해당되는 이야기다.

우리는 직장에서 매일 8시간 이상을 보낸다. 그 가운데 절반이 넘는 시간을 누군가와 대화를 하거나, 또 이메일이나 보고서를 쓰면서 보낸다.[3] 상당히 긴 시간이다. 이 시간에 오가는 모든 의사소통은 한 개인의 소통 능력에 대한 긍정적이거나 부정적인 피드백과 평가로 이어진다.

나는 과연 직장에서 소통을 잘하는 사람일까?

이 글을 읽는 동안 '나는 너무 늦었어. 이미 첫인상을 망쳤으니 바로잡으려 애써봤자 소용없을 거야'라는 생각이 들었다면, 절망부터 하지 말자! 직장에서 의사소통에 약간 어려움을 겪은 적이 있더라도, 이를 바로잡으면 명확한 소통의 좋은 본보기가 될 수 있다.

연구에 따르면 첫인상이 좋지 않은 경우에도 이를 원활하고 안정적인 의사소통을 통해 완전히 바꿀 수 있다.[4]

나쁜 인상을 상쇄하기 위해서는 좋은 인상을 8번 이상 남겨야 한다고 한다. 물론 이 숫자가 버겁게 느껴질 수 있지만, 직장에서는 의사소통이 활발히 이루어지는 까닭에 자신도 모르게 같은 사람과 금세 8번 이상 소통할 수 있다.

예를 들어 당신에 대해서 별로 좋지 않은 인상을 가진 동료와도 매일 한 번 이상 전략적인 대화를 나누게 된다면 그동안 '소통 능력이 비교적 부족한 사람'에서 '뛰어난 소통가'로 2주 내에 직장에서의 평판을 바꿀 수 있다. 직접 나누는 대화를 포함해 이메일과 회의까지 고려하면 하루 동안 우리가 누군가와 나눌 수 있는 의사소통 횟수는 꽤 많고 당신에 대한 평판을 긍정적으로 만드는 데는 그리 오랜 시간이 걸리지 않는다.

단 8번의 소통 기회를 통해 그동안 서툰 화자에서 탁월한 소통가가 될 수 있다면? 이것이 직장에서 얼마나 큰 기회가 될지 상상해보자.

현재 일하는 곳에서 '제대로 말도 못하는 답답한 사람'에서 '명쾌하고 합리적으로 의견을 전달하는 사람'이 되기 위해서는 어느 정도의 노력과 훈련이 필요하다. 현재 일하는 분야에서의 경력이 쌓일수록, 또 새로운 회사나 팀에서 새로운 사람과 만나 함께 일하며 누군가와 소통하고, 또 긍정적인 인상을 남길 기회는 더 많이 늘어난다.

다음 장부터는 대화의 주제와는 큰 관계없이, 대화의 목적을 위한 첫 시작점인 첫 1분을 어떻게 효과적으로 구성할 것인가에 대한 구체적인 방법을 알려줄 것이다. 평소 말을 명확하게 전달하는 것에 어려움을 느꼈거나, 길게 늘여서 하는 것이 버릇이 된 사람에게는 다소 딱딱하고 생소하게 여겨질 수도 있겠다. 하지만 이 방법을 제대로 알고, 또 몇 차례 연습을 거듭하면 일상적인 대화를 포함한 업무 소통에서 이 기법을 무의식적으로 사용하는 것이 점차 가능해질 것이다.

2장
15초 안에 완성하는 대화의 프레이밍

"프레이밍은 개인이 데이터를 해석하는 데 도움이 된다."

– 어빙 고프먼Erving Goffman

왜 일터에서의 대화가 어려울까? 우리가 업무 대화를 처음부터 잘하기가 어려운 이유는 그 방법을 어디에서도 배우지 못했기 때문이다. 우리는 대부분 최소 14년에서 18년 동안 학교를 다니며 다양한 교육을 받지만, 정작 일터에서 어떻게 대화를 시작해야 하는지에 대해 알려주는 교육은 받지 못했다. 예를 들어 대학을 수석으로 졸업한 한 수재가 막상 직장에 입

사해서 수없이 소통의 문제를 겪는 사례는 어쩌면 너무나 당연하다. 직장에서 비효율적인 대화가 이토록 많이 발생하는 것은 전혀 놀라운 일이 아니다.

10여 년 전 나는 유럽 전역에 판매될 신형 휴대전화에 들어가는 소프트웨어의 납품을 관리하는 통신회사에서 소프트웨어 프로젝트 매니저로 일했다. 우리는 최소 8개의 복잡한 프로젝트를 동시에 진행했고, 그중 대부분은 여러 나라에서 수백 명이 참여하는 프로젝트였다.

다른 수많은 대규모 프로젝트 참여자들과 마찬가지로 우리도 빈번한 의사소통 문제를 겪었다. 그런데 진정한 문제는 소통이 간헐적으로 단절되는 것이 아니었다. 우리 팀은 일상적인 의사소통에서부터 어려움을 겪었다.

대다수의 프로젝트 참여자는 대륙을 넘나들며 일할 때 생기는 언어 장벽과 문화 차이가 문제의 원인이라고 우선 지적했다. 하지만 팀원들을 관찰할수록, 문제의 원인은 언어나 문화가 아닌 다른 데 있다는 것을 깨닫게 되었다.

어느 날 점심을 먹으러 가던 길에 나는 팀의 소통 문제가 명확히 어디서 생겼는지 파악하게 되었다. 테스트팀 소속 스티브가 구내식당 바로 앞에서 나를 멈춰 세웠다. 그러더니 자신이 맡은 프로젝트의 테스트 사례에 문제가 있다고 이야기하기 시작했다. 몇 분 뒤 나는 스티브의 말을 끊었다.

"미안한데, 이게 어느 프로젝트에 관한 건가요?"
"아, LT-10 프로그램입니다."

스티브는 설명을 다시 이어갔다. 프로젝트 이름을 알고 나니 그가 말한 내용이 조금씩 이해되기 시작했다. LT-10 프로젝트는 세간의 이목을 끄는 제품으로 몇 주 뒤 출시될 예정이었다. 나는 그제야 관심을 기울이며 스티브의 설명에 다시 집중했다.

스티브가 설명을 몇 분 더 이어간 뒤에도 문제가 정확히 무엇인지, 그 문제를 왜 나에게 이야기하는지는 여전히 이해되지 않았다.

많은 사람이 우리를 지나쳐 점심 식사 줄에 서기 시작했고, 그 줄은 이제 복도까지 이어졌다. 배에서 꼬르륵 소리도 나고, 디저트가 다 떨어질지도 모른다는 걱정이 들었지만, 나는 스티브가 이야기를 마치길 기다렸다.

"흥미로운 이야기가 많았는데, 내가 구체적으로 무엇을 도와야 하나요?"

스티브는 당황스러워 보였다.

"아, 테스트 마감을 못 맞출 것 같아서요. 제품 출시일의 한 달 연장을 승인받고 싶습니다."

이 말을 듣는 순간 대화의 성격은 완전히 바뀌었다. 이는 중대한 문제였다. 휴대전화 제조사는 그달 말 TV 광고에 수백만 달러를 지출하기로 이미 확정한 상태였다. 마감 연기는 절대 있을 수 없는 일이었다.

디저트 생각은 머릿속에서 금세 사라졌고, 나는 스티브에게 처음부터 다시 이야기해 달라고 했다. 그의 설명을 한 번 더 듣자, 세부 사항이 비로소 명확하게 이해되었다. 나는 무엇이 가장 적절한 대처 방안인지 판단하기 위해 스티브에게 질문을 던지며 상황을 구체화했다.

이 일은 우리 팀의 소통 방식에 깔린 근본 문제를 선명하게 드러냈다. 주력 프로젝트에 중대한 논쟁거리가 있다는 말을 꺼내는 데 10분 가까운 시간이 걸린다면 이것은 분명히 소통 방식에 문제가 있다는 뜻이었다. 그저 '문화적 차이' 탓이라고 넘길 수 있는 문제가 아니었다.

당신은 스티브와 내가 나눴던 것과 비슷한 유형의 대화에서 듣는 쪽이었던 경험이 있는가?

답이 '아니요'라면, 우리는 아마도 의사소통할 때 첫 1분을 제대로 활용할 줄 아는 동료들과 일하고 있을 것이다. 답이 '네'라면, 다음의 질문을 고민해 보자.

- 이런 대화를 자주 경험하는가?
- 대화 상대의 요구 사항이 마침내 밝혀졌을 때, 그 대화를 받아들이는 태도를 바꾸었는가?
- 해당 대화에서 여러분과 대화 상대의 시간은 효율적으로 쓰였는가?

다음은 대답하기가 좀 더 어려운 질문이다. 우리는 위의 사례와 같은 방식으로 대화를 시작한 적 있는가?

내가 실시간 강연에서 이 질문을 던지면 순간 청중은 조용해진다. 그리고 수많은 사람들이 스스로 결국 그런 방식으로 대화를 시작한다는 걸 깨닫고 마지못해 고개를 끄덕인다.

솔직히 털어놓겠다. 나도 스티브처럼 대화를 시작한 경험이 많다. 사실 대부분의 대화를 그런 식으로 시작하곤 했다. 내가 이야기하고 싶은 주제에만 신경을 쏟은 나머지, 정작 다른 사람에게는 나와 동일한 배경지식이 없다는 사실을 간과했다. 이는 그동안 내가 많은 대화를 체계가 없고 불명확한 방식으로 시작했음을 의미했다.

점심시간 복도에서 스티브와 대화를 나누고 몇 주가 지난 뒤에도 이 사건은 내 머릿속에 여전히 남아 있었다. 나는 업무상으로 만나는 사람들과 정보를 공유할 때 내가 원하는 이야기를 명확하게 전달하고 핵심에 빠르게 도달할 수 있는 구체적인 방법을 간절하게 알고 싶었다. 그래서 그동안 우리 팀에서 일어나는 대화를 분석했고, 결국 공통된 패턴을 찾아냈다. 그리고 팀에서 이루어진 수많은 업무 대화가 다음과 같은 문제점을 안고 시작된다는 점을 알게 됐다.

1. 메시지의 맥락을 제공하지 못한다. 청자가 대화 주제를 모를 때 거의 발생하는 문제다.
2. 메시지의 목적이 불분명하다. 청자가 화자의 이야기를 듣는 중에도 이유를 도통 알아채기 힘들다.
3. 핵심에 빠르게 도달하지 못한다. 그저 많은 정보를 늘어놓느라 정작 중요한 메시지의 핵심을 말하기까지 너무 오랜 시간이 걸릴 때 이런 문제가 발생한다.
4. 하나의 대화에 주제가 여러 개 뒤섞여 있다. 말하는 사람이 다양한 주제를 논의하고 싶은데, 그 주제 자체가 명확하지 않을 때 이런 문제가 발생한다.

이런 문제는 효율적인 소통을 이루는 세 가지 요소를 명확히 인지하고 대화를 시작하면 피할 수 있다. 업무 대화를 명확하게 시작하기 위해서는 반드시 다음의 세 가지 요소를 포함시켜야 한다.

- **맥락:** 상대방에게 앞으로 내가 이야기하려는 주제를 먼저 알린다. 세상에 존재하는 수많은 이야깃거리 중 현재 내가 말하고 싶은 주제를 명확하게 알려준다.
- **의도:** 상대방에게 공유하는 정보를 토대로 청자가 어떤 행동을 하기를 바라는지를 알린다.
- **핵심 메시지:** 상대방에게 전달하려는 모든 메시지 중에서 가장 중요한 부분(헤드라인)을 알린다.

이 세 가지 요소는 주제가 무엇이든, 이야기의 청자와 화자가 누구든 상관없이 모든 소통에 동일하게 적용된다. 이 세 요소를 올바른 순서로 빠짐없이 말하면, 말하는 사람의 메시지에는 프레임이 형성된다.

프레이밍 = 맥락 + 의도 + 핵심 메시지

프레이밍Framing이란 화자가 세부 사항을 논하기에 앞서 청자가 메시지를 받아들일 수 있도록 돕는 가장 간단한 방법이다. 청자는 프레이밍을 토대로 대화의 시작부터 화자의 요구 사항을 쉽게 파악할 수 있다. 화자가 말하는 내용을 명확하게 프레이밍하면, 청자는 몇 문장만 들어도 메시지의 핵심을 이해할 수 있다.

프레이밍은 세 문장을 넘지 않아야 하며, 반드시 15초 이내에 끝나야 한다.

만약 스티브가 프레이밍으로 대화를 시작했다면, 스티브와 나는 첫 10분간 나누었던 이야기를 되풀이할 필요가 없었을 것이다.

대화 주제를 프레이밍하는 방법은 다양하다. 예를 들자면 다음과 같다.

"안녕하세요. LT-10 프로젝트 테스트와 관련해 말씀드리려 합니다. 테스트 중에 발생한 문제로 마감 지연이 예상되어 도움이 필요합니다."
"LT-10 프로젝트 테스트와 관련해 말씀드리고 싶습니다. 마감 지연이 예상된다는 점을 보고드립니다."

앞의 두 가지 예시는 모두 프로젝트의 명칭을 언급하면서 메시지의 맥락을 제공한다. 첫 번째 예시의 의도는 도움이 필요함을 알리는 것이다. 두 번째 예시의 의도는 소식을 전달하는 것이다. 두 가지 예시의 핵심 메시지는 모두 마감을 맞추지 못한다는 의미를 담고 있으며, 두 번째 예시는 그 핵심이 좀 더 효율적으로 전달된다.

두 가지 예시의 문장들이 그동안 당신이 이야기한 방식보다 직설적으로 느껴질 수도 있다. 그런데 프레이밍의 목적은 15초 안에 모든 메시지를 전달하는 것이 아니다. 중요한 점은 대화가 시작되고 첫 몇 분간 청자가 내용을 어림짐작하지 않도록, 화자가 무엇을 말하려는지 먼저 알리는 것이다.

메시지의 첫 몇 줄에 맥락과 의도, 그리고 핵심 메시지를 담는다면, 언제나 명확한 대화를 할 수 있을 것이다.

당신은 평소 일터에서 의사소통을 얼마나 효율적으로 시작하고 있는가? 당신이 가장 최근에 보낸 이메일을 확인해 보자. 본문이 긴 이메일일수록 이번 연습에 더욱 적합할 것이다. 인간의 기억은 생각보다 믿기가 어렵기에 대화의 시작법을 연습할 때 이메일을 활용하면 실제로 무슨 내용을 썼는지 정확히 확인하는 데 도움이 될 것이다. 이 책의 상당 부분은 대화를 시작하는 방법을 다루고 있지만 이런 대화법의 원칙은 이메일 같은 서면 형태의 소통에도 동일하게 적용된다.

당신은 이메일의 첫머리에서 맥락을 제공하고, 의도를 명료하게 드러내며, 핵심 메시지를 전달했는가?

그동안 이 세 가지 요소를 모두 충족하지 못했더라도 걱정하지 말자. 다음 섹션에서 프레이밍의 세 가지 핵심 구성 요소와 이 요소들을 올바르게 적용하는 법을 배울 것이다.

프레이밍을 배우고 연습하다 보면, 대화를 시작하는 방식은 생각보다 단순하고, 또 쉽게 강력한 변화를 일으킬 수 있다는 것을 깨닫게 될 것이다.

"맥락이 없는 정보는 점 하나에 불과하다.
이 점은 다른 수많은 점과 함께 머릿속을 떠다닐 뿐
아무 의미도 갖지 못한다."
– 마이클 벤추라Michael Ventura

프레이밍 = 맥락 + 의도 + 핵심 메시지

우리는 말을 시작하거나 이메일을 쓸 때 이미 그 주제의 맥락을 알고 있다. 주제는 당신의 머릿속에 있으며, 아마도 한동안 그 주제에 대해 생각했을 것이다. 하지만 상대방은 유감스럽게도 그런 정보를 모른다.

청자는 우리가 어느 프로젝트에 대해 말하는지, 어떤 문제를 논의하고 싶은지 전혀 모를 수 있다. 분명 그들은 다른 업무, 예산 문제, 점심 메뉴, 집안일 등 당신과는 다른 생각을 하고 있을 것이다. 청자가 무엇을 생각하고 있든, 그것이 우리가 이야기하고 싶은 주제일 가능성은 낮다.

메시지의 세부 사항을 말하기 전에 우리는 청자에게 약간의 맥락을 제공해야 한다. 청자도 우리와 같은 지점에서 출발할 수 있도록 방향을 잡아주어야 한다.

이는 맥락이 제시된 간단한 문장으로 메시지를 말하기 시작하면 쉽게 달성할 수 있다.

- 프로젝트 또는 논쟁이 되는 것의 명칭을 말한다.
- 이야기하려는 과정, 시스템 또는 도구의 이름을 말한다.
- 함께 일하고 있는 고객의 이름을 말한다.
- 이야기하려는 과제나 목표를 말한다.

맥락을 제공하는 방식은 무궁무진하다. 중요한 점은 맥락을 신속히 제공하며 이야기하려는 주제나 분야를 청자에게 알리는 것이다.

맥락이 없으면 청자는 여러분과 같은 출발점에 서지 못한다. 또한 논의의 주제가 무엇인지 알아내려 애쓰느라 집중력을 잃게 된다. 맥락을 명확히 제공하고 대화를 시작하면, 청자의 관심을 대화 주제로 모으며 청자의 머릿속에 있는 잡념을 덜어내는 데 도움이 된다.

그렇다면 업무 대화를 시작할 때 맥락이 필요하지 않은 상황이 있을까?

없다. 새로운 업무 대화를 시작할 때는 언제나 맥락이 제공되어야 한다.

맥락이 필요 없는 상황도 존재하는 것처럼 보이지만, 이는 착각에 불과하다. 예를 들어 팀원과 몇 주간 밀접하게 협업해온 프로젝트에 관해 이야기한다면, 대화의 맥락으로 프로젝트 명칭을 언급할 필요가 없는 것처럼 보일 수 있다. 그런데 이런 상황에서도 동료는 머릿속에 프로젝트가 아닌 수많은 다른 생각을 떠올릴 수 있다.

설령 동료가 그 프로젝트를 생각한다고 하더라도, 우리가 말하려는 특정 주제를 떠올릴 가능성은 무척 낮다. 극히 낮은 확률로 동료가 여러분과 같은 주제를 떠올린다고 해도 맥락을 제공해서 손해 볼 일은 없다.

우리가 무슨 이야기를 하는지 상대가 이미 알고 있다고 단정하지 말자. 몇 초만 투자해서 대화에 맥락을 제공하면 많은 혼란을 피할 수 있다. 실제로 양측이 같은 주제를 놓고 이야기하려 한다는 점을 확인하면 대화는 원활하게 흘러간다.

다음은 일상적인 업무 대화에서 맥락을 제공하는 문장의 몇 가지 사례다.

- 스티브의 프로젝트와 관련해 말씀드리려 합니다.

- 새로운 정보 보안 정책을 검토하고 있었습니다.

- 제퍼슨이라는 거래처와 계약을 마무리하고 있습니다.

- 휴가 신청서를 제출하려 합니다.

- 보내주신 마케팅 보고서를 읽었습니다.

- 사무용품이 도착했습니다.

- 새 예산안이 나왔습니다.

- 팀 성과에 대한 보상을 진행하려 합니다.

- XYZ에 관한 정책을 검토하고 있습니다.

이 문장들은 짧고, 명료하며, 말하는 데 각각 5초도 걸리지 않는다.

대화에서 맥락으로 제공될 수 있는 정보의 종류는 세상에 존재하는 직업과 업무 상황의 수만큼 다양하다. 이처럼 맥락은 다양한 형태로 존재하지만 핵심은 단 하나다. 현재 무슨 이야기를 하려는지 먼저 명확하게 밝히는 것이다.

2장 15초 안에 완성하는 대화의 프레이밍

최근에 작성한 긴 이메일을 다시 살펴보자. 당신이 쓴 이메일에는 맥락이 명확하게 드러나 있는가? 맥락을 더욱 또렷하게 밝히기 위해서는 무엇을 바꾸어야 할까?

“네가 원하는 게 뭔지 말해줘.
정말 정말 원하는 걸.”
– 스파이스 걸스The Spice Girls

프레이밍 = 맥락 + 의도 + 핵심 메시지

청자에게 대화의 맥락을 제공해 당신과 동일한 대화의 출발점에 세웠다면, 이제는 본격적으로 정보를 공유하며 청자가 무엇을 해야 하는지 알려줄 차례다.

의사소통의 이유를 명확하게 밝히자

인간은 정보를 얻으면 뇌가 그 정보를 어떻게 처리할 것인지 순간적으로 판단한다.[5] 질문에 대답해야 하는지, 특정 행동을 취하거나 결정을 내려야 하는지, 화자가 어떤 반응을 기대하는지 등을 알아내려 한다. 인간의 뇌는 이런 작업을 매일 온종일 수행한다.

인간은 뇌가 처리한 정보를 토대로 어떻게 반응해야 좋을지 고민한다. 즉, 우리가 말을 시작하면 청자의 뇌는 여러분의 메시지를 어떻게 받아들여야 할지 먼저 판단하려 한다. 우리가 전달하려는 핵심에 닿기도 전에 청자의 뇌는 이미 그러한 판단을 하고 있는 것이다.

우리가 메시지의 목적을 말하기까지 오랜 시간이 걸릴수록 청자가 여러분의 의도를 멋대로 해석할 가능성은 커진다. 이로 인해 사소한 혼란부터 심각한 문제까지 다양한 결과를 초래할 수 있다. 또한 청자가 메시지가 중요하지 않다고 판단하거나, 불필요한 행동을 할 수도 있다. 이런 반응의 결과는 상황에 따라 달라진다.

우리가 소통의 실제 의도를 비로소 드러내는 순간 대화는 처음부터 다시 시작되어야 할 수도 있다. 이런 경우 청자는 당신의 관점에서 정보를 재해석해야 할 것이다.

의도가 없어 소통이 미궁에 빠진 사례

에마는 노트북을 닫고 책상을 정리하기 시작했다. 외부 전략회의에 참석하려면 앞으로 15분 이내에 출발해야 했다. 에마가 막 자리를 뜨려는데 동료 대니얼이 문틈으로 고개를 내밀었다.

"잠깐 시간 있어요?"

대니얼이 물었다.

"테크코프 TechCorp 건이에요."
"몇 분 정도는 괜찮아요."

에마가 시계를 확인하며 대답했다.
테크코프는 전략회의의 안건이었고, 대니얼은 테크코프 관련 업무의 주요 담당자였다. 업무 노트에 없는 변동 사항이 생겼다면 에마는 그 내용을 파악해야 했다.

"좋아요."

대니얼이 말했다. 그는 사무실로 들어와 고개를 가로저었다.

"이번에 테크코프가 무슨 일을 벌였는지 상상도 못 할 거예요."
"그렇군요."

에마가 대답했다.

"무슨 일인데요?"
"방금 테크코프가 개선된 버전의 소프트웨어를 출시했어요. 이제는 우리가 원하던 모든 변경 사항을 지원할 수 있게 된 거죠."
"정말 잘됐네요."

에마가 말했다. 이들 조직이 추구하는 성장 전략의 핵심은 테크코프가 더 많은 데이터를 지원할 수 있느냐에 달려 있었다. 이 내용은 에마가 전략회의에 앞서 반드시 알아야 하는 정보였다.

"그런데 꼭 그렇지는 않아요."

대니얼이 대답했다.

"무슨 뜻이죠?"

"우리가 원하는 새 기능을 개선된 소프트웨어가 지원하긴 하는데, 기존 데이터의 시스템 전송이 중단되었어요. 큰 실수죠."

방금까지 기분이 좋았던 에마는 금세 걱정이 밀려왔다. 에마는 시스템 다운이 불러올 파장을 하나씩 따져 보기 시작했다. 머릿속에 비상 계획과 앞으로 해야 할 전화를 빠르게 떠올렸다. 신규 계약에 필요한 회원 가입 절차는 모두 테크코프가 담당했기 때문이다. 가입 절차가 중단된다는 것은 고객 서비스에 심각한 차질이 발생한다는 것을 의미했다.

"이게 언제 일어난 일이죠?"

에마가 물었다.

"어젯밤에요."

대니얼이 답했다.

"시스템이 오전 내내 다운돼 있었다고요? 왜 문제가 생기자마자 보고되지 않았죠?"

대니얼은 자신의 팀이 소프트웨어 출시 과정의 테스트 단계에서 해당 문제를 발견했다고 설명했다. 그러면서 테스트 단계를 거친 덕분에 고객이 혼란을 겪기 전 문제를 포착할 수 있었다고 강조했다.

그런데 유감스럽게도 테크코프는 문제를 제거하는 과정에서 이전에 알려지지 않았던 새로운 문제를 발견했고, 이는 기존 문제보다 더 큰 파장을 일으킬 수 있었다.

이야기의 방향이 전환될 때마다 에마는 우려와 안도감을 번갈아 경험했다. 이야기는 오락가락하다가 긍정적인 방향으로 향하는 듯 보였다.

에마가 가장 우려했던 점은 대니얼이 자신에게 무엇을 원하는지 정확히 모르겠다는 점이었다. 테크코프는 향후 3년 전략의 핵심이었다. 에마는 이날 오후 임원진이 전략안을 확정하기 전에 이 문제가 계획에 얼마나 영향을 미치는지 알아야 했다.

"심각한 것 같네요."

대니얼의 장황한 설명이 잠시 끊긴 틈에 에마가 말했다.

"다른 업체를 알아봐야 하나요?"
"아니요. 오늘 아침에 해결책을 찾았어요."

이쯤 되자 에마는 테크코프에 문제가 있는지 없는지 다시 헷갈리기 시작했다.

"대니얼, 미안한데 요점을 모르겠어요. 회의 전에 테크코프에 관해 꼭 알아야 할 구체적인 사항이 있나요?"

대니얼은 놀란 표정을 지었다.

"아니요. 문제는 전부 해결됐어요. 그냥 흥미로워할 것 같아서 말한 거예요. 여긴 정말 조용한 날이 없죠. 아무튼 이제 보내줘야겠네요. 전략회의 잘 다녀와요."

이런 일이 여러분에게 얼마나 자주 발생하는가? 대화를 시작하고 5분이 지나도록 상대방이 무엇을 해달라고 요구하는 것인지 분명하지 않으면, 우리는 어떻게 반응하는가? 대화에서 얻은 정보를 바탕으로 우리가 무엇을 해야 하는지 알아내기 위해 얼마나 많은 노력을 들이는가?

만약 대화를 시작한 지 1분이 넘었는데도 대화 목적이 명확하지 않은 때는 화자에게 의도를 분명히 밝혀달라고 요청하자. 서로가 최상의 결과를 얻는 데 도움이 될 것이다.

의도는 뇌의 정보 처리 방식을 변화시킨다

인간의 뇌는 목적에 따라 정보를 다른 방식으로 처리하고 저장한다. 해당 정보가 오락거리인지, 아니면 학습 대상인지 파악되면 그 정보를 받아들이는 방식이 달라진다. 인간의 작업 기억working memory은 겨우 20초 정도만 정보를 머릿속에 붙잡아두었다가 다시 꺼낼 수 있다.[6] 이 시간 동안 우리는 정보를 분류하고, 그 정보를 바탕으로 무엇을 해야 하는지 판단한다.

이 과정은 결과적으로 정보가 뇌에 저장되는 방식을 결정한다. 만약 화자가 자신의 의도를 명확히 설명하는 데 걸리는 시간이 20초가 넘는다면 청자의 뇌는 화자가 대화 첫머리에 말했던 내용을 처리하길 멈추고, 최근 20초 동안 말한 정보를 처리하려 한다.

상대의 의도를 모를 때, 우리는 전달된 정보를 처리하는 과정에 어려움을 겪는다. 메시지에 좋은 소식과 나쁜 소식이 섞인 경우는 정보 처리가 더더욱 어려워진다. 대화 의도가 분명하지 않으면 이리저리 변화하는 대화의 주제를 뒤쫓다가 롤러코스터 같은 혼란을 경험하게 된다.

에마는 대니얼이 소프트웨어 문제를 언급한 순간 롤러코스터에 올라탔고, 비상 계획을 생각하기 시작했다. 대화 의도가 명확히 제시되지 않은 상태에서 에마의 뇌는 해결해야 할 문제가 있다고 가정했다. 에마는 그럴 필요가 없는데도 어떤 조치를 마련해야 하는지 고민했다. 다행히 이 상황이 초래한 결과는 에마가 회의 참석을 위해 출발하는 시간이 늦어진 것 정도에 그쳤다. 하지만 자칫하면 훨씬 큰 문제로 이어질 수도 있었다. 만약 에마가 대니얼의 대화 의도를 알지 못하는 상태에서 회의에 갔다면, 테크코프와의 전략은 바뀌었을 것이며 그로 인해 두 회사 모두 막대한 피해를 봤을 수 있다.

이처럼 청자는 메시지의 목적을 이해하는 데 오랜 시간이 걸릴수록 추측에 의존하게 된다. 이는 화자가 바라거나 필요로 하는 방식으로 청자가 정보를 처리하지 않는다는 것을 의미한다. 더 나아가 청자가 정보를 어떻게 처리해야 할지 모를 때 이들의 뇌는 해당 정보를 효과적으로 저장하지 못하며, 중요하지 않은 쪽으로 분류할 수 있다.

화자가 메시지 초반 몇 줄에서 의도를 명확하게 밝히면, 청자는 정보를 올바르게 해석하고 대응할 수 있는 열쇠를 얻게 된다.

단 한 줄로 의도 보여주기

업무와 관련된 의도는 대부분 다섯 가지 범주 중 하나에 속한다. 이 다섯 범주에 해당하는 메시지의 의도는 단 한 줄로 나타낼 수 있다. 다음 표에는 의도의 범주, 그리고 짧은 문장으로 그 의도를 나타내는 방법을 보여준다.

의도의 범주	예시
도와줄 수 있나요?	의견이 필요합니다. 조언이 필요합니다. 설명해 주세요.
행동을 요청하는 경우	ABC와 관련된 최근 상황을 알려주시겠어요? 조에게 계약서를 보내주시겠어요?
결정이 필요한 경우	XYZ에 대해 결정을 내려야 합니다.
곧 일어날 일을 알려 대비하게 하는 경우	미리 알립니다. ABC와 관련해 곧 변동 사항이 있을 예정입니다. 고객과 대화하기 전에 이 내용을 알아 두십시오.

| 상대가 이전에 요청한 정보나 의견을 제공하는 경우 | 요청하신 보고서입니다.
요청하신 정보입니다. |

얼핏 보기에는 범주가 많지 않아 보이지만, 우리가 직장 내 의사소통에서 드러내는 의도는 대부분 이 중 하나에 속한다. 예를 들면 다음과 같다.

- 우리는 누군가에게 특정 문제나 논쟁거리를 이야기할 때, 상대방이 그 이야기를 듣고 어떻게 행동하길 기대하는가? 당신이 의도하는 대화는 상대방에게 도움이나 조언을 구하거나, 정보를 사전에 알리는 것이다. 또는 상대방이 직접 행동해 주기를 바라는 때도 있다.
- 사무용품 주문서를 제출하는 경우 우리는 누군가에게 제출하기 전에 추가하고 싶은 품목이 있는지 질문할 수 있다. 이는 상대방에게 행동을 요청하는 경우다.

맥락을 제공할 때와 마찬가지로, 의도를 명확히 밝힐 때는 몇 단어만 사용해도 충분하다. 표에 제시된 것과 같은 문장 한 줄만 사용해도 청자는 화자의 이야기를 듣고 자신이 무엇을 해야 하는지 알게 된다.

업무에서 이루어지는 모든 상호작용을 의도가 제시된 간

결한 문장으로 시작하면, 우리가 상대방에게 무엇을 요구하는지가 매번 분명히 나타날 것이다. 이는 상대방이 지금 당장 대화할 여유가 있는지, 아니면 나중에 이야기하고 싶은지를 판단하는 데도 도움이 된다.

그저 가볍게 대화하고 싶은 경우에는 어떻게 해야 할까?

우리가 누군가와 대화하고 싶어지는 이유가 한 가지 더 있다. 그냥 잡담을 나누고 싶은 경우다. 여기에는 이야기나 최근 발생한 사건 또는 가십을 공유하는 것, 조언이나 도움에 대한 기대 없이 감정을 털어놓는 것, 업무와 무관한 잡담을 하는 것 등 폭넓은 주제가 포함된다.

'가벼운 대화'의 범주에 해당하는 내용을 이야기하고 싶다면, 다음과 같은 문장으로 먼저 의도를 드러내 보자.

- 재미있는 이야기 하나 할게요.
- 당신이 흥미로워할 것 같은 이야기가 있어요.

평서문이 아닌 질문으로 대화를 시작할 수도 있다.

- 재미난 이야기 들을 시간 있어요?

- 어제 스티브에게 무슨 일이 있었는지 알고 싶어요?

- 푸념 좀 해도 될까요?

앞서 언급한 사례에서 에마는 대니얼이 주는 정보를 듣고도 어떻게 행동해야 할지 몰랐다. 결국은 '내가 도와야 할 구체적인 사항이 있나요?'라고 질문해야 했다. 대니얼은 '오늘 아침 테크코프 때문에 정말 정신없었어요. 들어볼래요?' 같은 문장으로 자신의 의도를 드러내며, 에마에게 그 대화를 어떻게 받아들여야 하는지 알려야만 했다.

'급한 건 아닌데요' 또는 '저기, 재미있는 이야기가 있어요'처럼 아주 간단한 문장만 사용했어도, 문제 상황이 아님을 명확히 밝힐 수 있었다. 대니얼이 위의 문장들 가운데 하나만 사용했다면, 에마는 대니얼과 대화를 나누는 10분 동안 불필요한 걱정은 하지 않았을 것이다. 또한 대니얼과의 대화를 전략 회의가 끝난 뒤로 미룰 수도 있었을 것이다.

맥락과 의도 결합하기

대화 첫머리에 맥락과 의도를 제시하면, 그 대화가 무엇에 관한 것인지 분명해진다. 앞의 사례에서 대니얼은 테크코프에 관한 이야기를 하자고 요청하며 맥락을 적절히 제시했다. 하지만 아쉽게도 대화 목적을 명확히 제시하는 데는 실패했다. 그가 대화 첫머리에서 다음과 같은 문장을 말했다면, 맥락과 의도가 효과적으로 드러났을 것이다.

"안녕하세요. 테크코프 이야기 좀 해도 될까요? 급한 건 아닌데, 재미있어 할 것 같아서요."

이 문장은 짧고 간단하며 명확하다. 에마는 무슨 이야기인지 가늠한 뒤 대화를 곧장 나눌지 나중으로 미룰지 결정했을 것이다.

앞에서 사례로 들었던 맥락이 제시된 문장들을 살펴보고, 여기에 의도를 드러내는 문장을 덧붙여 보자.

- ABC 프로젝트와 관련해 말씀드리려 합니다. 조언 부탁드립니다.
- 새로운 정보 보안 정책을 검토하고 있었습니다. 관련 사항을 보고드립니다.
- 제퍼슨이라는 거래처와 계약을 마무리하고 있는데요, 좋은 소식이 있습니다.

- 휴가 신청서를 제출하려 합니다. 승인 부탁드립니다.
- 보내주신 마케팅 보고서를 읽었습니다. 우리에게 기회가 있는 것 같습니다.
- 사무용품이 도착했는데요, 배송에 문제가 있었습니다.
- 새 예산안이 나왔습니다. 요약 보고서는 여기 있습니다.
- 팀 성과에 대한 보상을 진행하려 합니다. 도와주실 수 있나요?

위의 예시 가운데 가장 긴 문장은 9어절, 가장 짧은 문장은 5어절로 구성되어 있다. 이는 10어절 이하의 짧은 문장으로도 화자의 메시지를 잘 받아들일 수 있도록 청자를 준비시킬 수 있음을 의미한다.

직장 내 모든 상호작용이 위의 문장들로 시작된다고 상상해 보자. 해당 문장 이후 대화에서 어떤 이야기가 나올지, 청자는 언제나 쉽게 짐작할 수 있을 것이다. 또한 화자가 공유하려는 정보를 받아들일 마음의 준비를 곧 하게 될 것이다.

이전 실전에서 확인한 당신의 이메일을 다시 살펴보자. 의도가 분명하게 드러나 있는가? 직접적으로 언급되어 있는가? 아니면 간접적으로 암시되어 있는가? 혹은 누락되어 있는가? 의도가 암시되었거나 누락되었다면, 수신자는 우리가 왜 이메일을 보냈는지 정확하게 이해하지 못했을 수 있다. 이메일을 다시 고쳐 쓸 수 있다면 의도를 한층 명확하게 밝히기 위해 어떻게 수정하겠는가?

> "핵심만 간결하게 말하는 것이
> 메시지를 전달하는 가장 효과적인 방법이다."
> – 가이 가와사키Guy Kawasaki

프레이밍 = 맥락 + 의도 + **핵심 메시지**

맥락을 제공하고 의도를 분명하게 드러냈으니, 이제 핵심 메시지를 전달할 차례다.

핵심 메시지는 청자가 반드시 알아야 할 가장 중요한 정보가 담긴 문장이다. 여기에 주제의 세부적인 내용을 모두 요약해 담을 필요는 없다. 핵심 메시지는 화자가 전달하고 싶은 가장 중요한 메시지여야 한다.

누군가의 말을 듣다가 '왜 이 사람이 나에게 이런 이야기를 하는 걸까?'라고 궁금해한 적이 있다면, 이는 그 사람이 의도를 분명하게 드러내지 않아서일 수 있다. 그러나 핵심 메시지를 대화 초반에 제시하지 않았기 때문일 수도 있다.

중요한 정보를 대화 초반에 전달하는 것은 훌륭한 소통가가 되는 데 필요한 주요 역량이다. 다음 사례를 참고하면 이 이야기의 의미를 이해할 수 있다.

나는 운전을 배우고 얼마 지나지 않아 오래된 BMW 자동차 한 대를 구입했다. 끔찍한 결정이었다. 그 오래된 차는 문제가 너무 많은 나머지 도로 위보다 정비소에 있는 시간이 더 길었다. 차가 고장 날 때마다 나는 같은 정비소로 차를 견인해 가서 같은 정비사에게 수리를 맡겼다. 그는 무엇이든 고칠 수 있는 데다 고객이 가장 신경 쓰는 문제를 제대로 설명할 줄 아는 사람이었다.

정비사는 가장 나중에 발생한 고장의 원인을 먼저 점검하고 그 결과를 나에게 알려주었다. 그는 나의 최우선 관심사가 무엇인지 파악하고 있었다. 그것은 정비소에 차량을 맡긴 고객이라면 누구나 가장 신경 쓰는 문제였다. 비용이 얼마나 들 것인가, 그리고 차 없이 얼마나 오래 지내야 하는가.

정비사는 자신이 해야 할 작업 목록을 줄줄이 늘어놓거나 교체해야 할 부품 목록을 건네지 않았다. 그는 총 수리비용과 정비 완료에 걸리는 시간을 알려주며 대화를 시작했다. 그 덕분에 나는 그와 이야기하는 대화 초반에 가장 중요한 정보를 얻을 수 있었다.

정비사는 수리에 드는 비용과 기간을 먼저 알린 뒤 내가 요구하면 얼마든지 자세하게 설명해 주었다. 그는 내 질문에 답하며 수리 기간을 줄이거나 비용을 낮출 수 있는 선택지를 제시했다. 이런 대화 덕분에, 나는 수리비용이 합당하게 청구되었음을 충분히 이해할 수 있었다.

정비사가 말하려는 핵심 메시지를 내가 이미 알고 있으므로, 대화의 세부 사항에 집중할 수 있었던 것이다. 만약 대화가 그 반대로 즉, 세부 사항을 설명하는 것에서 시작되었다면, 나는 정비사의 이야기를 오래 듣고 있기가 힘들었을 것이다. 대화를 나누며 계속 총 수리비가 얼마일지 궁금해서 대화에 집중하지 못했을 것이다.

나는 오래된 BMW 자동차를 수리하며 두 가지 중요한 교훈을 얻었다.

1. 오래된 차를 구입하면 안 된다.
2. 사람들은 보통 핵심 메시지를 처음부터 알고 싶어 한다.

나와 스티브가 LT-10 테스트를 주제로 나눴던 대화를 다시 떠올려 보자. 우리가 나눈 대화의 핵심 메시지는 일정 지연과 마감일 미준수였다.

이 메시지가 바로 '그래서 뭐?'에 해당하는 부분, 즉 내가 알아야 했던 가장 중요한 정보였다. 스티브가 했던 다른 이야기는 모두 이 하나의 핵심 메시지와 관련되어 있었으며, 이 메시지를 향해 나아가는 과정이었다. 만약 핵심 메시지가 대화 초반에 나왔다면, 나는 나머지 세부 내용을 보다 깊이 이해했을 것이다.

우리가 핵심 메시지를 명확하게 전달하지 않고 있음을 알리는 한 가지 신호는 청자가 다음과 같은 질문이나 표현으로 반응하는 것이다.

- 이걸 왜 저에게 말하는 거죠?
- 제가 해야 할 일이 있나요?
- 이 정보를 토대로 뭘 해야 할지 잘 모르겠습니다.
- 그래서 뭐?

대화 상대가 이와 정확히 같은 표현을 쓰지 않더라도 비슷한 말을 한다면, 이는 우리가 핵심 메시지를 또렷이 전달하지 못했음을 알리는 강력한 신호로 볼 수 있다.

이런 반응은 메시지 의도가 명확하지 않다는 의미일 가능성도 있다. 그런데 의도가 분명하더라도 핵심 메시지가 분명하지 않으면, 청자는 혼란에 빠지게 된다. 가령 '조언 부탁합니다' 같은 말로 의도는 밝혔으나 명확한 핵심 메시지 없이 대화를 시작하면, 청자는 무엇에 관한 조언을 요청하는지 알 수 없게 된다.

때로는 청자가 우리가 전하려는 메시지를 한두 문장으로 요약해 다시 말해주기도 한다. 이런 반응은 청자가 이야기에 적극적으로 귀 기울이고 있음을 암시하는 신호일 수 있다. 혹은 메시지가 명료하지 않은 까닭에 이야기를 이해하려 애쓰고 있다는 의미일 수도 있다.

청자가 여러분의 메시지를 요약했는데 그 의도를 제대로 이해하지 못했다면, 새로운 정보를 추가로 알리기 전에 핵심 메시지를 확실히 밝혀야 한다. 잘못된 핵심 메시지를 바탕으로 대화를 이어가면 나중에 분명 혼란이 발생할 것이다.

청자가 요약한 메시지를 듣고 '맞아. 내가 말하려던 게 바로 그거야'라고 생각하게 된다면, 이는 핵심 메시지를 더욱 또렷하게 표현할 수 있었다는 것을 의미한다. 이 경우 메시지를 다시 말할 필요는 없으며, 청자가 올바르게 이해했는지 확인하고 대화를 이어가면 된다.

미국 군대의 소통 방식에 익숙한 사람이라면 BLUF라는 용어를 접한 경험이 있을 것이다. BLUF란 '핵심을 먼저 말하라

Bottom Line Up Front'를 의미하는 영문의 머리글자를 따서 만든 약어다.[7] 이는 결론과 권고 사항을 메시지의 끝이 아닌 시작 부분에 두는 방식이다. 이 방식을 따르면 의사 결정을 신속하게 할 수 있고, 비교적 적은 단어를 써서 메시지를 전달할 수 있다.

이처럼 가장 중요한 내용을 먼저 제시하는 것은 핵심 메시지를 명확하게 전달하는 효과적인 방법이다. 핵심 메시지는 청자가 꼭 알아야 하거나 가장 큰 관심을 집중하는 단 하나의 메시지다.

앞에서 나열한 질문들은 누군가와 대화할 준비를 하는 데 유용하다. 메시지를 프레이밍할 때 그 질문들을 자신에게 던져보자. 왜 내가 청자에게 이 이야기를 하고 있는가? 청자에게 무엇을 요청해야 하는가? 우리가 보기에 질문에 대한 답이 명료하지 않다면, 분명 청자에게도 명료하지 않을 것이다.

이 질문들은 또한 진정성 있게 전달할 필요가 있는 이야기인지, 아니면 단순한 잡담이나 가십 공유 또는 감정 분출에 불과한지 구분하는 데도 도움이 된다. 만약 가볍게 잡담하고 싶은 것뿐이라면, 그러한 의도로 대화를 프레이밍해야 한다. 그래야 청자가 대화에서 얻은 정보로 무엇을 해야 하는지 고민하지 않게 된다.

핵심 메시지를 명확히 밝히는 방법

대화를 시작하거나 이메일을 쓰기 전에 우리가 공유할 수 있는 세부 사항을 전부 떠올린 다음, 청자가 '그래서 뭐?'라고 묻는 모습을 상상해 보자.

이 질문에 대한 답은 대부분 우리가 말하려는 주제에서 가장 중요하며 결정적인 부분을 간략하게 설명한 것이다.

'그래서 뭐?'라는 질문은 무슨 일이 있었는지 설명하라는 의미로만 쓰이는 것이 아니다. 이 질문은 어떤 사건의 영향을 말하라는 의미일 수 있다. 때로는 사건 자체보다 그 사건이 불러온 영향이 더 중요하다. 이것이 사실이라면, 사건의 영향 또한 핵심 메시지가 될 수 있다.

이런 개념이 실제로 어떻게 적용되는지 확인하기 위해 몇 가지 예시를 살펴보자.

예시 #1

"앤과 대화했는데, 데이비슨 그룹Davison Group과의 일이 원활히 진행되고 있대요. 데이비슨 그룹은 우리의 신제품 처리 능력을 조금 걱정하고 있어요. 그런데 함께 해결할 수 있는 문제여서 계속 진행하기로 동의했어요. 들리는 말로는 데이비슨 그룹이 우리 프레젠테이션을 마음에 들어 했고, 5,000만

달러 규모로 계약을 체결하고 싶어 한대요. 이선Ethan이 지금 계약서를 보내고 있으니 오늘 안에 다 끝날 거예요.”

이 예시에서 핵심 메시지는 대형 신규 고객과 계약을 마무리하는 것이다. 계약을 성사하기까지의 사건과 정보는 모두 중요도가 낮았고, 좋은 소식은 오히려 뒤에 있다 이번 소식에서 가장 중요한 정보는 가치가 높은 고객과의 계약 체결이었다. 이 정보는 이야기의 첫머리에 반드시 제시되어야 하며, 끝부분에 묻혀 있어서는 안 된다.

핵심 메시지 = 우리는 오늘 데이비슨 그룹과 계약을 체결한다.

이 대화가 신규 고객과 계약을 체결했다는 소식으로 시작되었다면, 나머지 정보가 더욱 의미 있게 받아들여졌을 것이다. 청자는 이야기가 어느 방향으로 흐르는지 궁금해하는 대신, 계약 체결의 기쁨을 함께 나눌 수 있었을 것이다.

이 예시는 많은 일상 대화가 어떻게 이루어지는지 보여준다. 우리는 이야기의 기복과 우여곡절을 포함해 정보를 공유한다. 또한 사건이 발생한 순서대로 이야기하는 경향이 있다. 사건을 시간순으로 설명하다 보면, 결과(대개 가장 중요한 내용)를 자연스럽게 맨 끝에 두게 된다. 이는 간단한 소식을 장황하고 산만한 이야기로 변화시킨다.

게다가 사건에서 좋거나 나쁜 순간들을 차례로 설명하는 동안, 청자는 그 과정을 함께 겪게 된다. 이야기가 어떻게 끝나는지 모르는 경우 청자는 좋거나 나쁜 순간들을 마치 최종 결과인 것처럼 받아들인다.

"우리는 지난달 영업팀이 요청했던 시스템 개선 작업을 진행하고 있었어요. 어젯밤 새로운 데이터베이스 연결을 테스트하려고 패치를 배포했는데, 일부 기능이 제대로 작동하지 않았죠. 현재 영업팀은 그 시스템을 사용할 수 없습니다. 복구에 시간이 걸려서 문제가 될 가능성이 있어요. 아마 일주일 정도 걸릴 거예요."

이 예시에서 핵심 메시지는 영업 시스템을 일주일 동안 사용할 수 없게 되었다는 것이다. 그 외 모든 내용은 이 상황이 어떻게, 왜 발생했는지 알리는 배경 설명이다. 청자는 이 사건이 어떻게 발생했는지 궁금해할 수도 있지만, 그보다 먼저 '사건의 영향'을 인지해야 한다.

핵심 메시지 = 영업 시스템이 다운되었고, 이를 복구하는 데 일

본래 40어절로 구성되었던 설명이 10어절로 압축되었다. 메시지가 빠르게 전달될 뿐만 아니라 중요한 정보는 더욱 명확해졌다.

위의 예시는 문장이 짧다. 본래 문장의 40어절을 모두 말하는 데는 30초밖에 걸리지 않으며, 핵심에 도달하기까지도 오래 걸리지 않는다. 그런데 문장이 길었다면 어떻게 되었을까? 메시지 핵심이 무엇인지 의문을 품기까지 얼마나 긴 시간이 걸렸을까?

직장 내 대화에서 핵심에 도달하는 데 2분, 5분 심지어 10분이나 걸렸던 경험을 떠올려 보자. 메시지의 '핵심'을 파악하기까지 긴 시간을 기다려야 하는 상황이 얼마나 자주 발생하는가? 여러분도 이야기하는 중에 핵심에 도달하기까지 필요 이상으로 시간이 걸리는 경우가 있는가? 그렇다면 주제를 프레이밍하고 핵심 메시지를 첫 15초 안에 제시해 보자.

예시를 하나 더 살펴보자. 이는 핵심 메시지가 분명하지 않을 때 발생하는 대화의 불안정한 흐름을 보여준다.

예시 #3

"저희 이모가 넘어져서 팔이 부러졌어요. 몸에 다른 문제는 없고, 저의 남동생이 몇 주간 이모 집에 머물면서 집안일을 도울 거예요. 남동생이 재택근무를 해서 이모 집에서도 계속 일할 수 있거든요. 문제는 남동생이 자리를 비우면, 남동생 부부에게 차가 한 대뿐이라 제수씨가 쉽게 외출할 수 없다는 거예요. 게다가 다음 주는 학기 중간 방학입니다. 평소에는 제수씨가 방학 동안 낮에 저의 딸을 돌봐줘서 제가 일할 수 있어요. 그런데 차가 없으니 제수씨가 제 딸을 학교에서 데려올 수도 없고, 제 딸을 돌봐줄 만한 다른 사람도 딱히 없어요. 아내는 출장 중이고요. 저는 현재 프로젝트와 관련된 작업을 대부분 완료했고, 에마와 대화해 보니 저 대신 나머지 업무를 처리할 수 있다고 했어요. 그래서 말인데, 다음 주에 휴가를 내도 될까요?”

와, 상황이 꽤 복잡하다. 이야기 중반부에서 무슨 내용인지 어렴풋이 알아차렸을 수도 있겠으나, 핵심이 분명하게 드러난 것은 마지막 문장에서였다. 이 이야기의 핵심 메시지는 ‘다음 주에 휴가를 내도 될까요?’로 요약된다. 배경 설명은 그 메시지가 제시된 다음 덧붙이면 된다.

핵심 메시지 = 다음 주에 휴가를 내도 될까요?

화자의 직장 상사들은 대부분 상황을 너그럽게 이해할 것이다. 그런데 대화 목적이 휴가 요청임을 알기 전까지는 그 많은 정보를 판단할 기준이 없다. 화자가 핵심 메시지에 도달할 때까지, 청자는 대화의 롤러코스터에 올라탄 상태다. 휴가를 원한다는 핵심 메시지로 대화를 시작했다면, 화자는 상사에게서 신속히 '네'라는 답변을 받고 일정을 이어갈 수 있었을 것이다.

일상적인 업무 상황에 활용할 수 있는 간결한 핵심 메시지를 예로 들자면 다음과 같다. 이들은 제각각 방대한 이야기를 요약하는 문장이지만, '핵심 메시지'가 한 줄로 명확하게 표현되어 있다. 문장에서 배경을 설명하거나 이유를 제시하는 부분은 모두 제거되었다.

- 새로운 고객과의 계약을 방금 마무리했어요.
- 팀이 서비스 수준 목표치를 초과 달성했어요.
- 가장 숙련된 개발자가 퇴사할 예정이에요.
- 시스템이 다운되었고, 이를 복구하는 데 일주일이 걸릴 거예요.
- 예산이 초과되었어요.
- 예정보다 마감이 일찍 끝날 것 같아요.
- 제가 마감일을 맞추지 못해 고객이 화가 나 있어요.
- 고객이 시간을 더 달라고 요청해요.

• 당신이 수상 후보로 지명되었어요.

위의 예시는 핵심 메시지가 긍정적일 수도, 부정적일 수도 있음을 보여준다. 메시지에 가장 중요한 핵심이 담겨 있는 한, 우리는 올바른 방식으로 대화하는 것이다.

프레이밍은 대화 방향을 설정하는 도구로, 대화 그 자체는 될 수 없다. 우리는 전과 다름없이 세부 사항을 공유하며 대화할 것이다. 그런데 앞서 언급한 자동차 정비사처럼 핵심 메시지를 먼저 전달하면 세부 사항을 설명할 시간을 확보하게 된다.

이전 실전에서 확인한 이메일을 다시 살펴보자. 핵심 메시지는 분명한가? 그 메시지는 이메일의 상단이나 상단 근처에 있는가? 가장 중요한 정보가 직접적으로 제시되었는가, 아니면 수신자가 알아서 정보를 추론해야 하는가? 이메일 첫머리에 메시지가 명확히 드러나게 하려면 무슨 내용을 더하거나 고쳐야 할까?

하나로 합치기

> "무슨 이야기를 하고 있는지 밝혀라.
> 왜 그 이야기를 하는지도 설명하라.
> 그리고 제발, 제발, 제발, 핵심부터 말하라."
> ─ 익명

프레이밍 = 맥락 + 의도 + 핵심 메시지

지금까지 프레이밍을 구성하는 세 가지 요소, 즉 맥락과 의도와 핵심 메시지를 다뤘다. 이 세 가지 요소가 제각각 가치 있는 정보를 전달하긴 하지만, 개별적으로는 완전한 메시지를 전달하지 못한다는 점을 확인했다.

이제 세 가지 구성 요소를 하나로 종합해 업무 대화를 빠르고 명확하게 시작할 수 있는 간결한 프레이밍 문장의 작성법을 살펴보겠다. 방법은 무척 간단하다. 앞에서 작성한 세 문장을 종합해 한두 줄로 정리하면 된다.

일단 주제를 명시하고, 의도를 설명한 후 핵심에 도달하면 된다.

다음의 몇 가지 예시를 살펴보자.

예시 #1

- **맥락:** 제퍼슨 건과 관련해 말씀드리려 합니다.

- **의도:** 좋은 소식이 있습니다.

- **핵심 메시지:** 제퍼슨사를 신규 고객으로 확보했습니다.

예시 #2

- **맥락:** 보내주신 보고서를 확인했습니다.

- **의도:** 궁금한 점이 있어 설명을 요청드립니다.

- **핵심 메시지:** 일정이 변경된 이유를 알고 싶습니다.

예시 #3

- **맥락:** 새로운 IT 정책을 검토했습니다.

- **의도:** 조치가 필요합니다.

- **핵심 메시지:** 현재 방화벽이 규정을 충족하지 못하고 있습니다.

예시 #4

- **맥락:** 팀 성과에 대한 보상을 진행하려 합니다.

- **의도:** 관련 사항을 보고드립니다.

- **핵심 메시지**: 보너스 예산을 전액 집행할 예정입니다.

예시 #5

- **맥락**: ABC 프로젝트와 관련해 말씀드리려 합니다.
- **의도**: 관련 사항을 보고드립니다.
- **핵심 메시지**: 마감일을 맞추지 못했으나, 고객사에서 양해해 주었습니다.

예시 #6

- **맥락**: 주방 싱크대에서 물이 새고 있습니다.
- **의도**: 도움이 필요합니다.
- **핵심 메시지**: 배관공을 불러주시겠어요?

위의 예시 문장은 각각 6어절 이하로, 말하는 데 15초 넘게 걸리지 않는다. 각 문장은 명확한 맥락과 의도를 포함하며, '그래서 뭐?'라는 질문에 대한 답인 핵심 메시지를 담고 있다.

대화를 효과적으로 시작하기 위한 프레이밍 방법을 알았으니, 이제 LT-10 프로그램 테스트 지연을 주제로 스티브와 나누었던 대화를 다시 살펴보겠다. 그가 프레이밍을 활용했다면, 단 몇 초 만에 메시지를 명확하게 전달할 수 있었는지 확인해 보자.

대화 상황을 간략히 요약하면, 스티브가 점심을 먹으러 가는 나를 멈춰 세웠다. 나는 몇 분간 그의 이야기를 들은 뒤 주제가 무엇인지, 나에게 요청하는 바가 무엇인지 질문해야 했다. 결국 스티브가 전한 핵심 메시지는 중요한 출시 마감 기한을 맞추지 못할 것이라는 내용이었다.

- **맥락:** LT-10을 테스트하고 있습니다.
- **의도:** 문제가 발생했습니다.
- **핵심 메시지:** 테스트가 예정보다 한 달 늦게 완료될 것입니다.

스티브가 이와 같거나 비슷한 방식으로 메시지를 전달했다면, 나는 대화 시작부터 주제를 바로 이해했을 것이다.

프레이밍을 활용하면 대부분의 메시지를 더욱 빠르고 명확하게 전달할 수 있다. 프레이밍은 단순한 개념이지만 자신 있게 사용하려면 연습이 필요하다. 오늘부터 프레이밍을 활용해 보자. 처음에는 낯설게 느껴질 수 있으나, 청자는 이를 긍정적으로 평가할 것이다. 프레이밍을 적극적으로 활용할수록 이 기법에 더욱 익숙해질 것이며, 얼마 지나지 않아 더욱 원활한 의사소통이라는 보상을 얻게 될 것이다.

효과적인 프레이밍에 소요되는 몇 분의 시간이 아깝게 느껴진다면, 다음 사항을 기억하자. 프레이밍에 걸리는 2분은 즉시 보상받게 될 것이다. 대화 시간은 짧아지고 혼란이 발생할 가능성은 낮아질 것이며, 청자는 화자가 자신에게 무엇을 바라는지 정확히 이해하게 될 것이다.

이전 실전에서 확인한 이메일을 마지막으로 다시 살펴보자. 프레이밍 기법을 활용해 이메일 첫머리를 새로운 버전으로 작성해 보자. 더욱 명확해진 도입부 덕분에 이메일을 이해하기가 한층 쉬워졌는가? 이메일의 길이는 좀 더 간결해졌는가?

기존 이메일에 프레이밍의 세 가지 구성 요소가 빠짐없이 포함되어 있었다면, 축하한다. 우리는 훌륭한 소통가가 되는 길에 들어섰다. 세 가지 프레이밍 요소 가운데 일부만 있거나 아예 없었다면, 이제 프레이밍 기법이 얼마나 유용한지 그리고 의사소통을 명확하게 시작하는 것이 얼마나 쉬운지 깨달았기를 바란다.

팀원, 상사, 동료와 소통해야 할 업무의 다음 주제를 정해보자. 해당 주제에 대한 맥락·의도·핵심 메시지를 포함해 짧은 문장을 몇 개 적어 보자. 프레이밍 문장을 작성해 두면, 그 문장들을 참고해 대화를 시작할 수 있다.

"두 개의 대상은 종류가 같은 경우에만
하나로 합할 수 있다."
– 스티브 데미Steve Demme

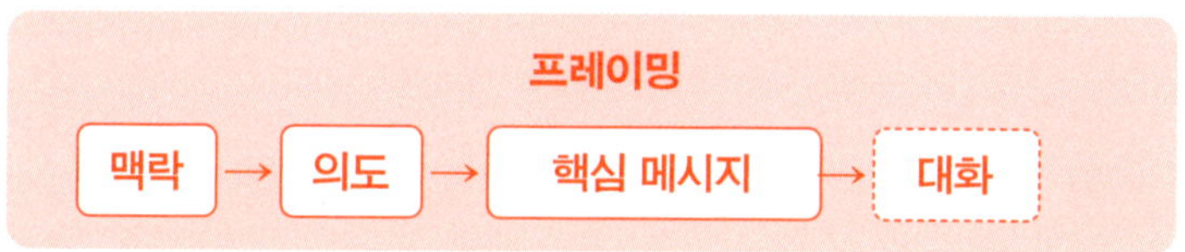

업무 대화는 대부분 여러 주제를 포함한다. 단일 주제인 경우는 생각을 조금만 정리하면 대화를 명확하게 시작할 수 있지만, 여러 주제인 경우는 대화의 명확성을 확보하기가 어려워진다.

하나의 대화에 여러 주제가 섞이면 혼란을 유발할 가능성이 기하급수적으로 증가하므로 명확한 프레이밍의 중요성이 한층 커진다. 대화 상대에게 '아직 이 주제에 대해 이야기하고 있는 건가요, 아니면 다른 주제로 넘어갔나요?'라고 질문한 적이 있다면 이런 혼란을 경험한 것이다. 만약 대화가 새로운 주제로 넘어갔는지 헷갈린다면, 대화의 프레이밍이 미흡했음을 의미한다.

지금까지 이 책의 모든 내용은 단일 주제를 프레이밍하는 것을 다루고 있었다. 단일 주제는 맥락과 의도와 핵심 메시지를 각각 하나씩 포함한다. 그런데 주제가 여러 개인 대화는 맥락이 여러 개이고, 의도가 주제마다 다르며, 핵심 메시지 또한 다양할 수 있다. 이런 대화는 체계적으로 시작되지 않으면 흐름이 금세 흐트러지고, 중요한 정보가 뒤섞이며, 핵심이 누락되기 쉽다.

주제가 뒤섞이는 사례는 흔히 이메일에서 발생하는데 이는 많은 사람이 경험하는 문제다. 예를 들어 이메일에 질문을 여러 개 적어서 발송했는데 수신자가 그중 질문 1개에만 응답해 불편함을 겪은 적이 있는가? 이런 경우 우리는 흔히 수신자가 이메일을 제대로 읽지 않았다고 비난한다. 그러고 나서 원하는 답을 모두 얻기 위해 이메일을 추가로 보내거나 전화통화를 주고받는 데 시간을 허비하게 된다.

우리는 타인을 비난하기보다 내가 발송한 이메일을 다시 살펴보아야 한다. 원문 이메일은 질문이 여러 개 있다는 점이 분명하게 드러나도록 작성되었는가? 질문들은 메시지의 다른 내용과 쉽게 구분되는가, 아니면 문단 속에 숨어 있는가?

당신이 상대방에게 불완전한 답변을 받는 원인은 대개 질문이 체계적이지 않고, 메시지에 질문 여러 개가 포함되었다는 점이 수신자에게 확실히 전달되지 않았기 때문이다.

이처럼 수신자가 반복해서 읽을 수 있는 이메일에서도 주제가 헷갈리기 쉬운데, 실시간으로 진행되는 대화에서는 여러 주제를 따라가기가 얼마나 더 어려울까?

실제로 업무 대화의 상당수는 여러 주제를 포함하며, 이 때문에 혼란이 발생하기 쉽다. 대화를 올바르게 프레이밍하면 여러 주제를 다루기가 쉬워지는 동시에 혼란을 유발할 위험을 낮출 수 있다.

주제가 여러 개인지 판단하는 방법

프레이밍의 세 가지 요소는 메시지 도입부를 명확하게 이해하는 데 도움이 될 뿐만 아니라 대화의 주제가 여러 개인지 파악하는 데도 유용하다.

맥락부터 시작하자. 주제마다 맥락을 따로 설명해야 한다면, 화자에게는 프레이밍해야 하는 주제가 2개 있는 셈이다. 당신이 2개의 서로 다른 프로젝트나 상황에 대한 이야기를 하고 싶다면 주제가 2개인 것이다.

맥락을 검토한 결과 주제가 단 1개인 경우는 의도를 살펴보아야 한다. 화자가 청자에게 두 가지 다른 행동을 요구한다면, 주제가 2개인 것이다. 단순히 정보 공유를 요구하는 것과 행동이나 의사 결정을 요구하는 것은 하나의 주제로 묶일 수 없다. 이는 서로 다른 2개의 의도이므로 전달할 메시지도 2개로 나누어 준비해야 한다.

맥락과 의도가 각각 1개인 경우는 대개 프레임도 하나만 필요하다. 예를 들자면 단일 주제를 이야기하면서 여러 항목의 최근 상황을 공유하는 경우다.

"안녕하세요, ○○님. 서류 감사가 완료되었습니다. 이와 관련해 몇 가지 보고드립니다. 우선 ○○님께서 따로 신경 쓸 일은 없습니다. 조애나가 감사 보고서에 서명했습니다. 또한 서류 감사를 마무리하기 위해 법무팀 소속 인턴 인력을 한시적으로 지원받고 있으며 이에 대해 법무팀 책임자 래리가 승인했습니다."

이 사례에서 맥락은 서류 감사이고, 의도는 최근 상황 몇 가지를 공유하는 것이다. 핵심 메시지는 두 부분으로 구성되어 있다. ① 감사 보고서 서명 완료. ② 인턴 인력 지원. 핵심 메시지는 서로 구분되어 있지만, 둘 다 동일한 맥락 및 의도와 관련되어 있다.

핵심 메시지가 2개인 경우는 대부분 프레임도 2개 필요하다. 그 이유는 두 핵심 메시지가 서로 다른 의도를 포함하기 때문이다. 대화에서 여러 주제를 제각각 분리하는 데 실패하면, 내가 '기습'이라 부르는 상황으로 이어질 수 있다.

예를 들어 대화가 특정한 의도로 시작되었으나, 정작 핵심 메시지가 이와 다른 의도를 드러내는 경우 발생한다. 이때 화자는 청자에게 특정 행동을 하도록 준비시킨 뒤 그와 다른 행동을 요구한다. 위의 서류 감사 사례에서도 핵심 메시지 1개가 약간 바뀌었다면 기습 상황이 될 수 있었다.

"안녕하세요, ○○님. 서류 감사가 완료되었습니다. 이와 관련해 몇 가지 보고드립니다. 우선 ○○님께서 따로 신경 쓸 일은 없습니다. 조애나가 감사 보고서에 서명했습니다. 또한 서류 감사를 마무리하기 위해 법무팀 소속 인턴 인력을 한시적으로 지원받고 있습니다. 해당 조치에 문제없는지 법무팀 책임자 래리에게 확인해 주시겠습니까?"

이 메시지의 의도는 '최근 상황 공유'로 설정되었지만, 마지막은 래리에게 질문해 달라는 요청으로 끝났다. 청자는 처음에 제시된 의도를 들은 뒤 법무팀 책임자에게 연락해 달라는 요청을 예상하지 못했을 것이다. 이것이 사소한 일일 수는 있지만, 누구도 갑작스러운 요청이나 행동을 좋아하지 않는다. 이 대화는 최근 상황 공유와 도움 요청이라는 두 가지 주제로 프레이밍되었어야 했다.

상대의 말을 듣고 난 뒤 '잠깐, 무슨 말이지?'라고 생각한 적 있다면, 위에서 언급한 기습의 상황을 알아차린 것이다. 이는 듣게 되리라 예상했던 내용과 실제로 들은 정보가 일치하지 않을 때 발생한다. 때로는 전달받은 정보가 너무도 예상 밖이어서 그런 상황이 생기기도 한다. 하지만 기습의 가장 흔한 원인은 대화가 제대로 프레이밍되지 않았기 때문이다.

프레이밍해야 할 주제가 여러 개인지 확인하고 싶다면, 핵심 메시지를 확인하자. 하나의 핵심 메시지에 여러 메시지가 결합해 있는지. 또 그 여러 개의 메시지는 동일한 맥락과 의도를 공유하고 있는지.

만약 여러 메시지가 같은 맥락과 의도를 공유하지 않는다면, 청자에게 메시지가 명확히 전달되도록 각 주제를 별도로 프레이밍해야 한다.

핵심 메시지가 여러 개면 대체로 프레이밍도 그만큼 여러 번 나눠서 해야 한다.

두 가지 주제가 섞이지 않도록 분리하는 법

여러 주제가 포함된 대화도 잘 요약된 프레임 1개로 정리할 수 있다. 이 기법은 앞서 설명한 것과 동일한 원칙에 기반한다.

우선 상대방에게 이야기하려는 각 주제에 대한 기본 프레임을 만든다. 기억하자. 서로 다른 주제는 제각각 별도의 프레이밍이 필요하다. 각 주제에 대응하는 별도의 프레임을 형성한 뒤에는 전체 대화를 묶는 요약 프레임 1개를 추가로 만든다.

이런 접근법은 대화 전체의 프레임을 먼저 제시해 청자가 여러 주제를 받아들일 수 있도록 준비시킨다. 각각의 주제는 이후 주제별로 분리된 대화에서 차례로 다루어지게 된다. 모든 개별 대화는 프레이밍이 된 다음, 해당 주제가 마무리될 때까지 그 프레임을 유지한다. 첫 번째 주제가 끝나면 두 번째 주제의 프레임으로 넘어가며, 모든 주제가 논의될 때까지 이 과정은 반복된다.

이 방법을 사용하게 되면 논의가 시작될 때부터 청자는 여러 주제가 다뤄진다는 점을 인지한다. 대화가 진행되는 동안 각 주제는 분리된 상태를 유지하면서 프레임을 통해 명확하게 설명된다. 이는 한 주제에서 다른 주제로 넘어갈 때 청자가 맥락을 쉽게 전환하여 이해할 수 있게 돕는다.

하나의 대화에서 여러 개의 분리된 주제를 프레이밍하는 법

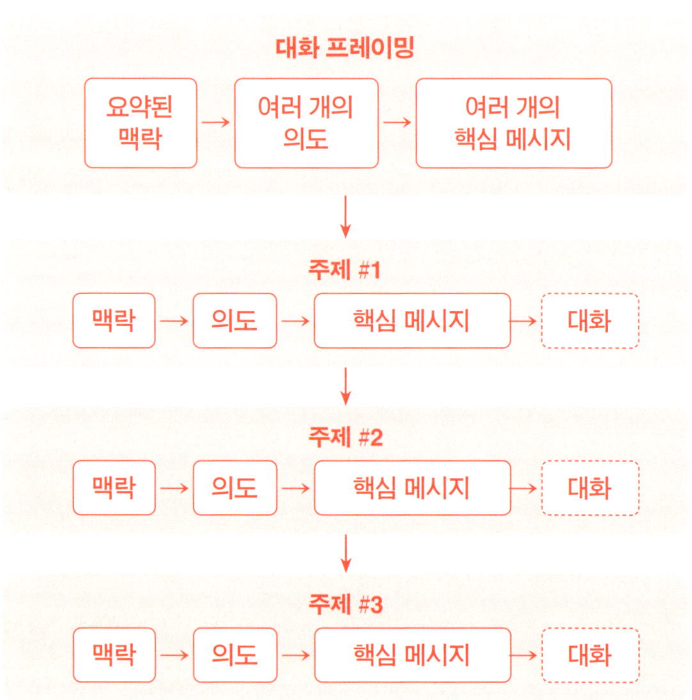

다음의 사례를 살펴보자. 티머시는 팀장과 세 가지 주제에 대해서 이야기를 나눠야 했다.

1. 최근 배송에서 발생한 문제를 어떻게 처리해야 하는지 조언 구하기
2. 동료를 수상 후보로 추천할지 결정해 달라고 요청하기
3. 휴가 사용을 승인해 달라고 요청하기

티머시는 팀장이 늘 바쁘다는 것을 알기에 가능한 한 명확하고 간결하게 말하고자 했다. 다음은 티머시가 앞서 말한 세 가지의 주제를 하나의 프레이밍으로 결합한 결과다.

- **맥락:** 세 가지 사항을 말씀드리려고 합니다.
- **의도:** 이에 대해서 조언을 구하고 싶고, 또 결정해야 할 사안도 몇 가지 있습니다.
- **핵심 메시지:** 사무용품 배송에 문제가 생겨 조언을 구하고 싶습니다. 그리고 이번에 데이브를 수상자로 추천하면 어떨지 의견을 받고 싶습니다. 마지막으로 다음 주 휴가 사용을 승인받고 싶습니다.

여러 주제가 하나의 요약된 프레임에 포괄되는 경우 해당

대화에서 여러 주제를 다룬다는 것 자체가 그 대화의 맥락이 된다. 이 개념은 실제로 간단하지만 많은 사람이 필요 이상으로 복잡하게 생각하는 탓에 오히려 혼란을 겪는다.

단순하게 생각하자. 여러 주제를 이야기할 예정이라면, 청자에게 그 사실을 분명하게 밝히자. 하나의 요약된 의도는 서로 다른 주제의 의도가 문장 1개로 결합된 것이다. 하나의 요약된 핵심 메시지는 각 주제의 서로 다른 핵심 메시지가 결합한 것이다.

'20단어 이하'라는 기준에 반드시 맞출 필요는 없다. 여러 주제를 프레이밍할 때는 더 많은 단어를 사용하게 될 거라 생각하면 된다.

이런 접근 방식은 화자와 청자 모두에게 다음과 같은 이점을 준다.

1. 화자가 이야기하려는 주제를 논리적으로 정리하는 데 유용하다. 또한 주제가 섞이지 않도록 분리해 혼란을 막을 수 있다는 점에서도 도움이 된다.
2. 청자는 여러 가지 다양한 주제를 빠르게 파악하고, 그중 어느 주제를 먼저 다루는 것이 적절한지 판단할 수 있다.

업무 환경에서 시간은 늘 제한되어 있다. 그렇기 때문에 청자는 대개 단 하나의 주제에만 대응할 수 있는 경우가 많다. 또한 청자가 다른 주제보다 특정 주제를 먼저 다루고 싶어 할 수도 있다. 이런 경우 대화 전체를 프레이밍하면, 무엇을 주제로 이야기할지 그리고 그 주제들을 어떤 순서로 이야기할지 판단하기가 수월해진다.

동일한 맥락을 공유하는 여러 주제를 프레이밍하는 법

맥락 하나와 관련된 여러 개의 핵심 메시지나 요청을 상대방에게 전달해야 할 때가 있다. 이런 상황은 주제가 서로 뒤섞이기 쉬워서 혼란을 유발할 가능성이 크다. 하나의 맥락에서 대화를 주제별로 나누어 프레이밍하면, 각 주제가 서로 섞이지 않게 된다. 다음의 사례를 살펴보자.

앤드레아는 보험회사에 소속된 손해사정사다. 앤드레아의 팀은 최근 새로운 지역에서 업무를 시작했고, 앤드레아는 지난주에 있었던 일을 상사에게 보고하려고 한다. 보고 목록에는 두 가지 주요 주제가 있으며, 각 주제는 다음과 같이 프레이밍되었다.

주제 #1

- **맥락:** 신규 지역에서의 서비스 출범
- **의도:** 정보 공유
- **핵심 메시지:** 전담팀이 모든 핵심성과지표(KPI)를 초과 달성하고 있다.

주제 #2

- **맥락:** 신규 지역에서의 서비스 출범
- **의도:** 의사 결정 필요
- **핵심 메시지:** 추가 인력에 대한 계약을 취소해야 할까?

앤드레아는 두 가지의 프레임을 준비한 뒤 두 주제가 서로 별개라는 점을 알리기 위한 도구가 대화 초반에 필요하다고 느꼈다. 최근 업무 성과와 추가 인력 계약이 서로 어떻게 연관되었는지 알고 있지만, 두 주제가 뒤섞이는 것은 원치 않는다. 앤드레아는 전담팀이 거둔 탁월한 성과를 제대로 인정받는 동시에, 전담팀의 핵심성과지표가 추가 인력 계약을 취소해야 하는 근거로 해석되지 않기를 바란다.

앤드레아는 두 주제가 뒤섞이지 않도록 다음과 같이 대화 도입부를 준비했다.

"신규 지역 서비스 출범과 관련된 최근 상황을 공유할 예정이며, 주제는 두 가지입니다. 하나는 팀이 탁월한 성과를 냈다는 점입니다. 그리고 다른 한 가지는 추가 인력에 대해 결정을 내리는 부분입니다."

앤드레아는 프레이밍을 구성하는 세 가지 요소를 활용해 대화의 도입부를 구성했다.

- **맥락:** 신규 지역 서비스 출범과 관련된 최근 상황을 두 가지 주제로 공유
- **의도와 핵심 메시지 #1:** 팀이 거둔 탁월한 성과를 공유
- **의도와 핵심 메시지 #2:** 추가 인력 계약에 대한 결정 요청

이 사례에서 대화의 맥락은 지역 서비스 출범과 관련한 두 가지 주제를 다루는 것이다. 대화 의도는 첫째가 정보 공유, 둘째가 결정 요청이다. 앤드레아는 세부 사항을 설명하기 전 각 의도와 더불어 핵심 메시지를 전달하는 방식으로 두 주제를 구분했다.

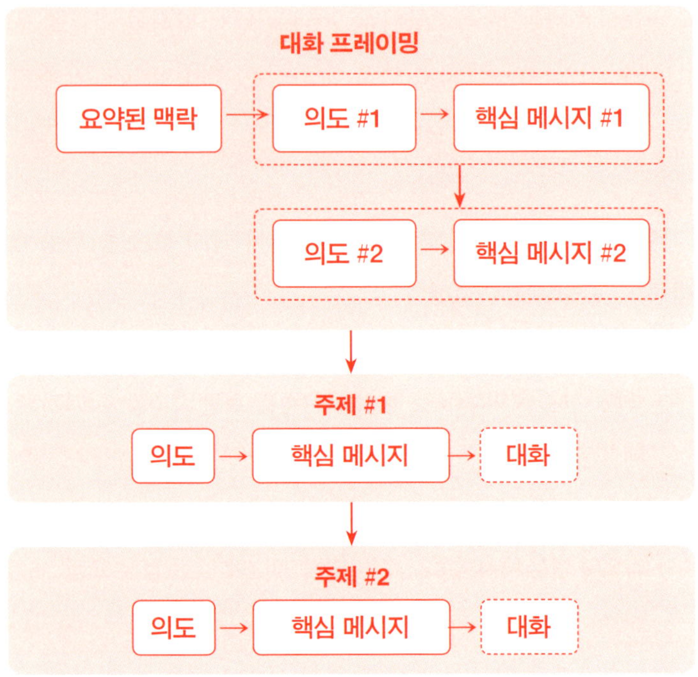

동일한 맥락을 공유하는 여러 주제로 대화를 시작할 때는 대화 프레이밍을 통해 해당 주제들을 모두 포함시킨 하나의 요약된 맥락을 제시한다. 요약된 맥락을 제시한 뒤 주제별 의도와 핵심 메시지를 각각 덧붙이면 대화의 프레이밍은 완성된다.

대화 전체를 요약한 뒤에는 화자나 청자가 바라는 주제의 논의 순서에 맞춰 프레임 #1과 프레임 #2를 제시한다. 첫 번째 주제를 다루는 대화가 끝나면 두 번째 주제에 대한 프레임을 제시한 뒤 해당 대화를 완료한다. 이 방식은 두 주제가 섞이지 않도록 분리해 대화가 혼란스러워지는 것을 막는다.

첫 번째 주제에서 두 번째 주제로 전환되는 순간을 청자에게 또렷이 인식시키고 싶다면 단계를 하나 더 추가하자. 2개 이상의 주제를 논의하겠다는 내용의 요약된 맥락을 다시 제시하는 단계다. 이는 청자에게 기존 대화 프레이밍을 상기시키며 주제가 전환되었음을 알린다. 이 단계를 통해 청자는 주제가 다른 이야기를 들을 준비를 하게 된다. 동시에 화자는 조리 있게 말한다는 인상을 남길 수 있다.

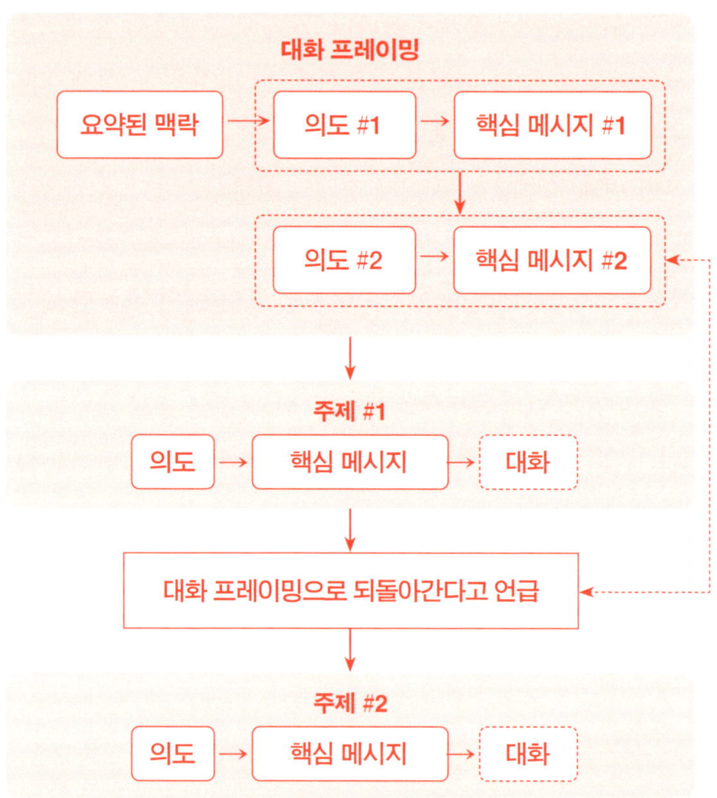

때로는 첫 번째 주제의 세부 논의에 깊이 집중하다 보면, 다뤄야 하는 주제가 하나 더 남아 있다는 것을 잊게 되기도 한다. 이런 상황에서 대화의 프레이밍은 주제 누락을 방지하는 안전망 역할을 한다. 설령 화자가 주제를 놓치더라도 청자가 두 번째 주제를 상기시켜 줄 수도 있다.

　단 이 안전망은 대화 초반에 여러 주제가 있음을 분명히 밝혔을 때만 작동한다. 대화 초반에 10초 정도만 투자하면, 대화를 마친 후 논의할 내용이 여전히 남아 있었다는 걸 깨닫고 좌절하는 상황을 피할 수 있다.

실전 1

최근 당신이 발송한 이메일 중에 주제가 2개 이상 포함된 이메일을 살펴보자. 그 이메일은 여러 주제를 포함한다는 내용이 처음부터 분명하게 드러나 있는가? 이메일 앞부분을 고쳐서 다양한 주제를 명확하게 프레이밍하자.

실전 2

팀원, 동료 또는 상사와 여러 주제를 다루는 대화를 나누는 것을 미리 구상해 보자. 대화에서 다루고 싶은 주제를 미리 적어 보자. 그 주제들은 동일한 맥락을 공유하는가, 아니면 각각 별도의 맥락에 속하는가? 가장 적절한 프레이밍 방법을 선택한 뒤 대화 시작에 필요한 맥락·의도·핵심 메시지를 작성하자. 프레이밍을 제대로 해 두면 대화가 주제에서 벗어나지 않도록 흐름을 유지하는 데 큰 도움이 된다.

여러 주제를 다루는 경우
대화 프레이밍으로 되돌아가는 법

프레이밍 = 맥락 + 의도 + 핵심 메시지 =

축하한다! 이제 당신은 소통의 프레이밍을 구성하는 세 가지 핵심 요소를 배웠다.

- **맥락:** 화자가 이야기하려는 주제에 청자가 집중하도록 돕는 것
- **의도:** 청자가 그 정보를 토대로 무엇을 해야 하는지 분명히 밝히는 것
- **핵심 메시지:** 청자가 말하려는 주제 전체를 한 문장으로 요약한 것

이제는 하나의 대화에 주제가 하나 또는 두 가지 이상 포함되도록 대화를 프레이밍할 수 있다. 주제별로 의도와 메시지가 서로 다르더라도, 청자가 혼란을 일으킬 가능성을 크게 낮추고 하나의 대화 안에서 모든 주제를 다룰 수 있다.

프레이밍으로 대화의 첫 15초를 구조화했다면, 그다음은 어떻게 해야 할까? 대화 주제가 복잡할 때는 메시지의 나머지 부분을 어떻게 구성해야 할까? 방대한 주제를 단 몇 분 안에 어떻게 요약할 수 있을까? 변수가 많거나 배경 설명이 복잡한 메시지는 어떤 구조로 전달해야 할까?

대화를 성공적으로 이끌기 위해서는 훌륭한 도입부만으로 충분하지 않다. 다음 장에서는 '구조화된 개요'라고 부르는 소통의 도구를 익힐 것이다. 주제가 복잡해 보이더라도 이 기법을 활용하면 어떤 내용이든 1분 안에 요약할 수 있음을 알게 될 것이다.

구조화된 개요는 간단명료할 뿐만 아니라 대화의 초점을 다음 단계에 집중시킬 수 있다. 주제와 관련된 지난 이야기를 되풀이하지 않고 곧바로 문제 해결에 집중할 수 있다면, 대화와 회의의 효율이 얼마나 더 향상할까? 이 기법이 어떻게 작동하는지 궁금하다면 다음 장을 꼼꼼히 살펴보자.

마지막으로 팁을 하나 주자면 업무 대화와 의사소통을 시작할 때 프레이밍 기법을 떠올리기 위한 간단한 방법은 책상 위 잘 보이는 곳에 메모를 붙여 두는 것이다. 프레이밍의 세 가지 구성 요소를 포스트잇에 적어 책상 위나 컴퓨터 화면 옆에 붙여 두자.

(이보다 더 좋은 방법은 내가 운영하는 웹사이트에서 자료를 내려받아 인쇄해도 좋다. www.chrisfenning.com/resources)

3장

대화의 개요를 구조화 시키기

> "개요가 핵심 아이디어보다 더 길어질 때가 많다."
>
> – 작가 미상

우리가 방대하고 복잡한 주제에 대한 대화를 언제나 명확하고 이해하기 쉽게 시작할 수 있다면 얼마나 좋을까?

의사소통에 대한 수많은 강의에서는 늘 대화를 간결하게 하라거나 주제를 요약하는 것으로 시작하라고 조언하지만, 정작 요약을 어떻게 해야 하는지는 알려주지 않는다. 무슨 일을 해야 하는지 아는 것과, 그것을 어떻게 해야 하는지 아는 것은 별개의 문제다.

이 문제의 해결책은 바로 '목표·문제·해결책'이라고 부르는 기법을 활용해 구조화된 개요를 작성하는 것이다.

이 기법이 의사소통에 어떤 도움이 되는지 궁금하다면 위 문단을 다시 살펴보자. 사실 이 문단은 '목표·문제·해결책', 다른 말로 GPS Goal, Ploblem, Solution 기법을 토대로 작성되었다.

- **목표:** 방대하고 복잡한 주제에 관한 대화를 언제나 명확하고 이해하기 쉬운 방식으로 시작할 수 있다면 얼마나 좋을까?
- **문제:** 의사소통 강의는 간결하게 말하라거나 주제 요약으로 시작하라고 조언하지만, 정작 요약을 어떻게 해야 하는지는 거의 알려주지 않는다. 무슨 일을 해야 하는지 아는 것과, 그것을 어떻게 해야 하는지 아는 것은 별개의 문제다.
- **해결책:** 이 문제의 해결책은 내가 '목표·문제·해결책'이라고 부르는 기법을 활용해 구조화된 개요를 작성하는 것이다.

명확한 의사소통을 위해서는 잘 작성된 개요를 제시하는 것이 중요하다. 개요가 제시되지 않으면, 청자는 화자가 공유하려는 정보를 이해할 프레임을 갖추지 못한다. 바로 이 단계에서 대화가 순식간에 어긋날 가능성이 높으며, 그러다 보면 다음과 같은 의사소통 오류가 발생하게 된다.

오류 #1: 세부 내용으로 급히 뛰어드는 경우

주제 전체를 먼저 요약하지 않고, 다양한 주제 중 곧바로 첫 번째 논점을 자세하게 설명할 때 대화는 혼란에 빠질 수 있다. 화자가 주제의 세부 내용을 곧장 파고들면, 청자는 금세 혼란에 빠지며 집중력을 잃는다. 큰 틀에서 작성된 개요가 없으면 청자는 각 하위 논점의 세부 내용이 전체 주제와 어떻게 연결되는지 알 수 없다. 하위 논점은 중요도가 높을 수도 있고 낮을 수도 있는데, 이를 확실히 아는 사람은 화자뿐이다. 이 같은 오류가 발생하는 이유는 다음과 같다.

- 화자가 사건을 일어난 순서대로 나열한다.
- 화자가 청자에게 세부 내용을 빠짐없이 전달해야만 비로소 대화의 의도나 핵심 메시지를 이해시킬 수 있다고 믿는다.
- 화자가 자기 메시지의 목적을 확신하지 못한다. 즉, 청자에게 무슨 행동을 요청해야 하는지 분명히 알지 못한다.

오류 #2: 주제에서 벗어난 장황한 대화

우리가 직장에서 흔히 겪는 괴로운 상황은 대화 핵심과 동떨어진 장황한 이야기를 듣는 것이다.

오류 #3: 다음 단계로 넘어가지 않고 과거에 집착하는 경우

혹시 당신은 문제 해결을 위한 실행 방안에 집중하기보다 그 문제의 과거 이력을 설명하는 데 많은 시간을 쓰는가?

사람들은 문제가 생겼을 때 실망감이 크거나 혹은 해결책을 명확히 설명할 수 없을 때 문제의 원인을 설명하는 데 엄청난 시간을 소모하곤 한다. 문제 해결을 위한 회의에서조차도 문제의 내용과 발생 원인을 논의하는 데 회의 시간의 최대 80퍼센트를 쓴다.

회의가 끝날 무렵 모든 회의 참석자가 한마디씩 의견을 낸 뒤에야 논의의 초점은 후속 실행 방안으로 옮겨간다. 이 시점에 이르면 문제 해결을 위해 생산적인 논의를 하기에는 시간이 부족하다. 이런 까닭에 회의는 또 다른 회의를 잡는 것으로 끝나는 경우가 많다.

대부분의 커뮤니케이션 교육 과정에서는 위와 같은 문제를 다루지만 해결책은 '간결하게 말하라' 또는 '하나의 대화에서는 주제 1개에 집중하라' 정도다. 대화를 어떻게 간결하게 해야 하는지, 또는 화자가 집중해야 할 주제 1개를 찾아내는 구체적인 방법이나 도구는 알려주지 않는다.

앞으로 설명할 '대화의 구조화된 개요'는 목표·문제·해결책의 단계를 활용해 우리가 어떤 대화를 하더라도 효과적으로 개요를 만들 수 있는 방법이다. 이 방법을 사용하면 주제가 아무리 복잡하더라도 명확하게 대화를 시작할 수 있다.

목표·문제·해결책의 총 3단계 방법을 거쳐 만들어진 개요
는 말하는 데 총 45초도 걸리지 않는다. 참고로 45초는 대화
의 첫 1분에서 프레이밍 뒤 남은 시간에 해당한다.

대화가 시작되고 첫 1분 안에 화자가 구조화된 개요를 제시하면, 청자는 곧 듣게 될 이야기와 앞으로 자신이 해야 할 역할 및 후속 조치를 명료하게 파악할 수 있다.

이번 섹션에서 설명할 구조화된 개요 작성법은 3단계로 간단하다. 이 방법을 활용하면 주제가 아무리 복잡하더라도 메시지를 단 3문장으로 요약할 수 있다. 메시지 전체를 설명하는 데 5분이 걸리든 55분이 걸리든 상관없이, 요약된 메시지는 1분 안에 전달할 수 있다.

업무 대화의 본질은 무엇인가?

구조화된 개요를 작성하기 위해서는 먼저 업무 대화의 본질을 이해해야 한다.

친목이나 즐거움을 위한 대화를 제외하면, 업무상 논의는 대부분 문제 해결과 장애물 극복에 초점을 맞춘다. 업무의 본질은 결국 문제 해결에 있다는 것이 쉽게 와닿지 않을 수 있지만, 실제로 그렇다. 모든 회사는 목표와 평가 지표와 마감일을 설정하고, 직원들은 일상 업무를 수행하며 그러한 목표를 달성하기 위해 노력한다. 그 과정에서 겪는 문제를 피하거나 사전에 방지하면서 목표를 완수한다.

업무에서 다루는 문제는 다양한 범주에 걸쳐 있으며, 일상적인 문제는 다음과 같다.

- 사무용품이 거의 바닥났다.
- 회계팀에서 일하는 제인과 회의 시간을 아직도 잡지 못하고 있다.
- 이번 달의 영업 목표를 반드시 달성해야 한다.

중대한 문제는 다음과 같다.

아주 중대한 문제는 다음과 같다.

위의 문제들은 제각기 다른 형태로 복잡하다. 문제에 수반되는 파급 효과와 도전 과제, 그리고 문제 해결에 필요한 시간이 제각각 다르다. 중요한 점은 주제가 얼마나 단순하든 복잡하든 상관없이 청자가 빠르게 받아들이고 이해할 수 있는 방식으로 설명해야 한다는 것이다.

거의 모든 업무 대화의 본질이 문제 해결이라는 점을 전제하면 모든 상황에서 모든 주제를 요약하는 틀, 구조를 만들기는 훨씬 수월해진다. 또한 이런 구조를 활용하면 앞서 언급한 의사소통 오류도 피할 수 있다.

대화는 문제 자체에 매몰되어서는 안 된다. 문제 해결에 집중해야 한다.

업무 대화의 목적이 문제 해결이라면 의사소통의 구조는 문제를 명확히 규정하고 해결책에 이르도록 설계되어야 한다.

각 업무 상황에서 맥락과 세부 사항을 걷어내면 타인과의 논의가 필요한 문제 상황은 다음 세 가지로 압축된다.

1. 문제가 있고, 해결책을 찾아야 하는 상황
2. 문제가 있고, 찾아낸 해결책을 제안하는 상황
3. 문제가 있었으나 해결되었으며, 그 결과를 보고하는 상황

위의 목록에는 문제를 은폐하려는 상황이 빠져 있다. 업무와 관련된 문제는 숨기면 안 된다는 전제가 깔려 있기 때문이다.

업무 대화에서 전달하려는 내용이 몇 가지 유형으로 한정되어 있으면, 모든 대화에 공통으로 적용 가능한 요약 모델을 설계하기가 한층 쉬워진다.

목표·문제·해결책으로 구조화된 개요

문제와 관련된 주제를 요약하는 가장 간단한 방법은 목표·문제·해결책 기법을 활용하는 것이다. 이 3단계 구조는 업무 대화를 요약하고 시작하기에 최적화된 형식이다. 목표·문제·해결책 기법은 단순한 주제부터 복잡한 주제까지 모두 적용 가능하다.

구조화된 개요를 구성하는 세 가지 요소는 다음과 같다.

- **목표**: 달성하려는 대상
- **문제**: 목표 달성을 가로막는 장애물
- **해결책**: 문제 해결을 위해 나/우리가 해야 할 일

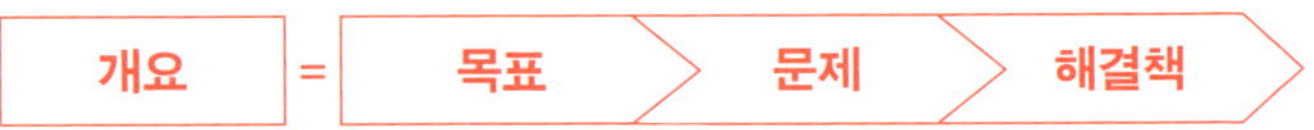

목표Goal, 문제Problem, 해결책Solution의 앞 글자를 따면 GPS가 된다. GPS 기법은 동일한 이름으로 불리는 내비게이션 장치처럼 우리가 가려는 목적지를 보여주고, 출발지와 목적지 사이의 장애물을 짚어주며, 목적지에 이르는 경로를 가르쳐주는 도구다.

GPS는 세 가지 요소를 모두 갖춰야 한다

목표·문제·해결책은 메시지를 구성하는 개별 요소이므로 한데 뭉뚱그리지 말아야 한다.

목표와 문제는 가장 빈번하게 뒤섞이는 요소다. 사람들은 흔히 문제를 목표에 포함해 설명하곤 한다. 또한 목표가 곧 문

제 해결이라고 생각하고, 이 두 가지 요소를 한 문장으로 합하기도 한다. 그러나 목표와 문제는 서로 다르며 메시지에서 별개의 항목으로 구분되어야 한다. 목표는 우리가 달성하려 하는 대상이다. 문제는 그 목표를 이루는 데 어려움을 겪는 이유다.

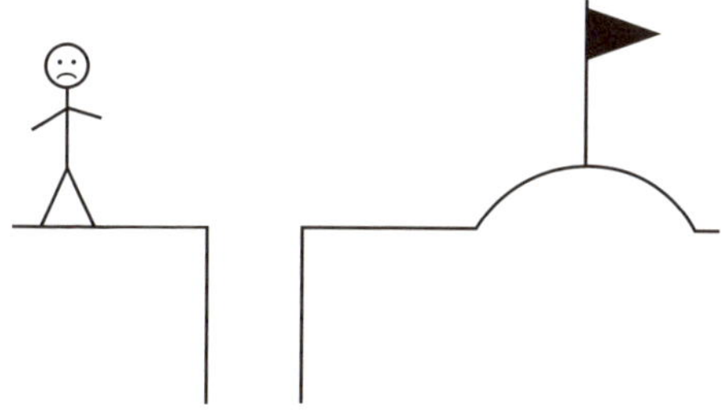

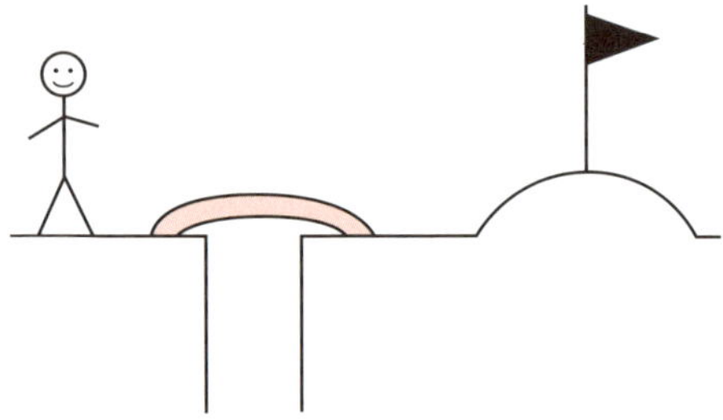

해결책을 모를 때 해야 할 일

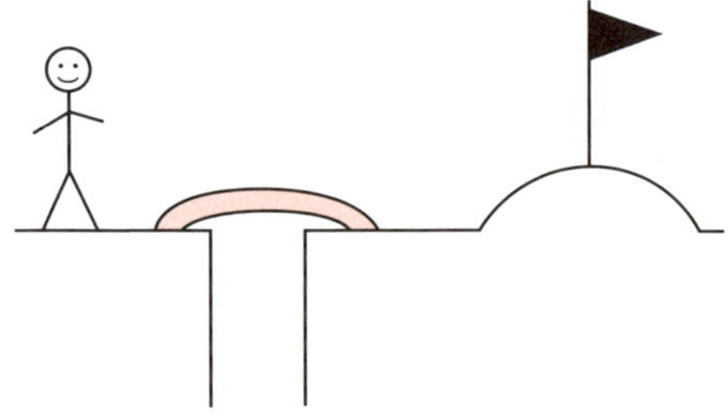

대화를 시작할 때 문제의 해결책을 미리 알고 있을 필요는 없다.

앞서 말한 문제 상황의 세 가지 유형을 기억하는가?

1. 문제가 있고, 해결책을 찾아야 하는 상황

2. 문제가 있고, 해결책을 제안하는 상황

3. 문제가 있었으나 해결되었으며, 그 결과를 보고하는 상황

만약 문제 해결책이 없는 1번 상황에 있다면, 대화의 목적은 해결책을 찾거나 해결책에 더 가까이 다가가기 위한 것이다. 이런 상황은 대응하기 쉽다. 목표와 문제를 설명한 뒤 '해결책을 찾을 수 있도록 도와주시겠어요?'라고 요청하면 된다.

그런데 해결책을 찾기 위해 도움을 요청하는 것은 이런 상황에 대응하는 가장 손쉬운 방법이지만, 가장 바람직한 방법은 아니다.

보통은 자기 아이디어 없이 도움을 요청하기보다 나름의 해결책을 제시하는 편이 낫다. 해결책에 관한 아이디어가 없다면, 이는 본인을 대신해 문제를 해결해 달라고 상대방에게 요구하는 셈이다.

이와 반대로 해결책에 관한 아이디어가 한두 가지 있다면, 설령 그 아이디어가 타당한지 확실하지 않더라도, 이는 상대방에게 조언을 구하는 셈이다. 누군가에게 추가 업무를 해 달라고 요청하는 것과 조언 및 통찰을 구하는 것 사이에는 큰 차이가 있다. 추가 업무를 반기는 사람은 없지만, 전문적인 의견을 구하는 요청은 대부분 기꺼이 받아들이기 때문이다.

도움을 요청하는 것 자체에는 문제가 없다. 그런데 문제 해결 방법을 전혀 모르는 상황이 아니라면 조언을 구할 때는 한두 가지 해결책을 제시하기 위해 노력해야 한다.

해결책을 먼저 제안하는 태도는 성과가 뛰어난 사람들을 구분 짓는 요소다. 이들은 자주 도움을 요청하며 대화를 시작하는 데 도움이 될 만한 자기만의 아이디어를 가지고 있다.

간결함을 유지하는 법

기억하자. 구조화된 개요는 대화를 여는 도입부일 뿐 대화 전체를 포괄하지는 않는다. 구조화된 개요를 작성하는 목적은 모든 정보를 몇 줄 안에 욱여넣는 것이 아니다. 청자에게 앞으로 무슨 내용이 이어질지 명확하고 간결하게 제시하는 것이다.

GPS 기법으로 도입부를 작성하면 현재 상황과 요구 사항을 청자에게 명확하고 간결하게 알릴 수 있다. GPS 기법이 적용된 도입부는 청자에게 핵심 내용을 논리적으로 전달하고 해결해야 할 문제를 분명하게 밝힌 뒤 최종적으로 문제 해결 방안에 집중한다.

몇 가지 사례를 살펴보자.

구조화된 개요의 좋은 예를 제시하기는 쉽지만, 그 개요가 어떻게 작성되었는지 보여주기는 비교적 어렵다. 예컨대 장황하고 비구조화된 도입부가 목표·문제·해결책으로 구성된 세 줄의 간결한 개요로 정리되는 과정을 전부 보여준다고 가정하자. 이를 위해서는 직장에서 흔히 경험하는 길고 산만하며 핵심이 뒤죽박죽 섞인 대화를 여러 페이지에 걸쳐 수록해야 할 것이다. 이는 지면이나 화면을 효율적으로 쓰는 일도 아니고, 저자와 독자 모두에게 흥미로운 일도 아니다.

이를 대신해 나는 다양한 상황에서 작성된 구조화된 개요의 사례를 제시하려고 한다. 우리는 이 사례들을 자신의 업무 주제에 적용해 연습하면 된다.

다음의 사례에는 앞서 소개한 프레이밍도 포함되어 있어, 프레이밍과 GPS 기법을 함께 활용할 때 메시지가 얼마나 명확해지는지 보여준다. GPS 기법은 단독으로 사용할 때보다 프레이밍과 함께 사용할 때 훨씬 효과적이다.

사례 #1

샘은 운송 회사가 운영하는 고객 콜센터 소속 상담원이다. 그녀는 화물 분실 건으로 불만을 제기한 고객사 데이비슨 그룹과 관련된 문제를 보고하기 위해 상사를 찾아갔다.

샘은 분실된 화물에 대해 고객사와 처음 통화한 당시 상황을 설명하기 시작했다. 고객사와의 통화 이력을 차례로 짚으며, 화물을 찾기 위해 지난 이틀간 했던 일들을 단계별로 설명했다. 그러고 나서 결국 고객사가 환불을 원하고 있으며, 이를 승인받기 위해서는 관리자의 도움이 필요하다는 말을 꺼냈다.

샘이 설명하는 동안 관리자는 사안에 대해 질문했고, 상황을 완전히 파악하려는 관리자의 시도가 계속되면서 5분이면 끝났을 설명이 10분으로 길어졌다. 또한 샘이 분실된 화물을 찾는 과정에서 일어날 수 있는 문제를 관리자가 지적하는 사이 대화는 여러 번 주제에서 벗어났다.

이 대화는 관리자가 환불을 승인하지 않는 것으로 마무리되었다. 관리자는 샘과 함께 세부 사항을 검토할 시간이 더 필요했다. 샘은 환불 요청에 대한 해결책을 얻지 못한 채 불만스러운 상태로 자리로 돌아갔고, 관리자는 상황을 파악하는 과정에 너무 긴 시간이 걸렸다는 점에 답답함을 느꼈다.

위 상황에서는 핵심 메시지에 도달하기까지 거의 10분이 걸렸다. 그 핵심 메시지가 무엇이었는지 알겠는가? 환불 승인 및 분실된 화물 추적에 필요한 도움을 요청하는 것이다.

만약 샘이 관리자에게 구조화된 개요를 먼저 제시했다면, 환불 승인과 화물 추적에 대한 도움을 요청한다는 점이 빠르고 명확하게 전달되었을 것이다. 이 사례에 GPS 기법을 적용하면, 구조화된 개요는 다음과 같이 구성된다.

"방금 데이비슨 그룹과 통화했습니다. 이 고객사는 마지막 화물을 받지 못했고 환불을 원하는데 문제 해결을 도와주실 수 있을까요? 데이비슨 그룹이 지난달 선결제한 화물이 도착하지 않았고, 우리는 이 문제를 해결해야 합니다. 저는 화물을 아직 찾지 못했고, 환불 금액은 제가 승인할 수 있는 한도를 초과했습니다. 환불을 승인해 주시고, 분실된 화물 추적을 도와주세요."

- **맥락:** 방금 데이비슨 그룹과 통화했습니다.
- **의도:** 문제 해결을 도와주실 수 있나요?
- **핵심 메시지:** 이 고객사는 마지막 화물을 받지 못했고 환불을 원합니다.
- **목표:** 데이비슨 그룹이 지난달 선결제한 화물이 도착하지 않았고, 우리는 이 문제를 해결해야 합니다.
- **문제:** 저는 화물을 아직 찾지 못했으며, 환불 금액은 제가 승인할 수 있는 한도를 초과합니다.
- **해결책:** 환불을 승인해 주시고, 분실된 화물 추적을 도와주실 수 있나요?

위의 개요는 메시지가 명확하고 전달 속도가 빠르다. 샘이 개요를 제시하며 대화를 시작했다면, 관리자는 30초도 되지

않아 전체 상황을 이해했을 것이다. 상세한 경위 파악과 샘의
환불 조치에 대한 평가는 곧장 진행해도 되고, 보다 적절한 시
점으로 미뤄도 된다. 이를 통해 관리자는 상황을 신속히 진단
하고 샘을 지원하기 위한 후속 조치를 마련할 수 있다.

구조화된 개요를 제시한다고 해서 상세한 대화를 나눌 수
없는 것은 아니다. 오히려 세부 논의를 바로 그 자리에서 해야
한다는 부담감이 완화된다. GPS 기법으로 작성된 구조화된
개요를 활용하면, 문제 해결에 집중하고 불필요한 세부 논의
를 뒤로 미룰 수 있다. 이 덕분에 청자는 원하는 대로 대화 흐
름을 이어갈 수 있는 선택권을 얻게 된다.

사례 #2

한 기술 분석가가 방화벽을 통해 처리되는 결제 데이터에
관한 새로운 정부 지침을 읽은 후 IT 책임자와 이야기하고 있
다. 다음은 프레이밍과 구조화된 개요를 활용해 정리한 대화
이다.

"새로운 정보 보안 정책을 검토했습니다. 현재 우리 회사의
방화벽이 더는 규정을 준수하지 않으므로 대처 방안을 마련
해야 합니다. 새로운 업계 규정에 따르면 모든 전자상거래
에는 결제 데이터를 안전하게 보호하기 위한 레벨 5 방화벽

이 반드시 적용되어야 합니다. 그런데 아쉽게도 현재 사용하는 소프트웨어는 레벨 4까지만 지원합니다. 따라서 소프트웨어 업그레이드 계획을 수립하고, 경영진에게 승인받아야 합니다."

- **맥락:** 새로운 정보 보안 정책을 검토했습니다.
- **의도:** 대처 방안을 마련해야 합니다.
- **핵심 메시지:** 현재 우리 회사의 방화벽이 더는 규정을 준수하지 않습니다.
- **목표:** 새로운 업계 규정에 따르면, 모든 전자상거래에는 결제 데이터를 안전하게 보호하기 위한 레벨 5 방화벽이 반드시 적용되어야 합니다.
- **문제:** 현재 사용하는 소프트웨어는 레벨 4까지만 지원합니다.
- **해결책:** 소프트웨어 업그레이드 계획을 수립하고, 경영진에게 승인받아야 합니다.

원래 메시지는 위의 구조화된 개요보다 훨씬 장황했다. 문제와 관련된 절차, 서비스 호출, 데이터베이스가 수많은 기술 용어로 설명되어 있었다. IT 책임자는 그러한 세부 정보 속에서 핵심 메시지와 향후 대처 방안을 찾을 수 없었고, 결국 자신이 이해한 내용을 되짚어가며 메시지의 개요를 직접 만들어야 했다. 실제 문제가 분명해지기까지 거의 20분이 걸렸다.

이와 대조적으로 위에 제시된 구조화된 개요는 무척 명확해서 어느 직무 담당자에게 전달하더라도 상황과 대처 방안을 곧장 파악할 수 있다. 이 메시지에는 복잡한 기술 용어가 많지 않고, 상황이나 대처 방안을 이해하는 데 전문 지식이 필요하지도 않다. 이처럼 구조화된 개요는 활용할 만한 가치가 크다.

구조화된 개요를 작성할 때는 지나치게 어려운 전문 용어를 피해야 한다. 그래야 누구나 그 메시지를 이해할 수 있다. 구조화된 개요를 이해하기 위해 해당 분야의 전문가가 될 필요는 없다.

우리는 시스템 방화벽이나 화물 운송 회사의 내부 운영 방식을 전혀 모를 수도 있다. 그런데 앞서 언급한 사례에서 문제점이 무엇인지는 분명 이해했을 것이다. 두 상황 모두에서 문제와 관련된 절차나 시스템 또는 회사 사정을 상세히 알 필요는 없었다.

직장에서 누군가에게 특정 문제를 설명해야 하는 상황이 오면, 위의 방법을 떠올려 보자. 상대방이 여러분만큼 절차나 시스템, 세부 사항을 알지 못할 수는 있지만, 그렇다고 해서 여러분의 요구 사항을 알리기 위해 대화 상대에게 모든 정보를 제공할 필요는 없다. GPS 기법을 활용해 목표·문제·해결

책 중심으로 주제를 요약하면, 당신이 전달하려는 내용을 상
대방이 이해할 가능성은 훨씬 높아질 것이다.

앞으로 직장에서 사람들과 나눠야 할 대화를 떠올려 보자. 가능하면 복잡하거나 까다로운 내용인 동시에 대화 상대에게 낯선 주제라면 더 좋다. 해당 주제에 맞춰 목표·문제·해결책을 직접 작성해 보자. 우리가 달성하려는 목표를 명확하게 정의할 수 있는지, 문제 항목은 목표 달성을 가로막는 한 가지 핵심 요인에 집중하고 있는지, 또 해결책 항목은 청자가 앞으로 무슨 행동을 해야 하는지 분명하게 알려주고 있는지 체크하자.

이처럼 구조화된 개요를 작성해 두면, 업무상의 대화를 시작하기가 한결 수월해진다. 이 간단한 접근법이 대화의 서두를 더욱 간결하고 명확하게 해준다는 점을 발견하길 바란다.

위의 연습이 어렵게 느껴지더라도 걱정하지 말자. 우리가 복잡한 주제를 요약하는 과정에서 어려움을 겪는 이유는 다양하다. 이를테면 변수가 너무 많거나, 의존 관계가 복잡하거나, 다양한 수준의 문제가 얽혀있거나, 다른 프로젝트에 영향을 미치거나, 또 다른 문제들과 연결되어 있기 때문이다. GPS 기법은 이 모든 상황에서 효과적이다. 다음 섹션에서는 이런 원인을 하나씩 분석하고, 이를 극복하는 기법을 살펴볼 것이다.

아직도 업무 문제가 단 세 줄로 요약하기에 너무 복잡하다고 느껴진다면, 이어지는 내용을 읽어보길 바란다. 가령 사람을 우주로 쏘아 올릴 때 생존을 보장하는 문제 등 여러 복잡한 사례를 다룰 수도 있다. 이보다 더 복잡하거나 위험한 문제가 과연 세상에 더 있을까?

1분 안에 요약하지 못할 정도로
복잡한 문제는 없다

"인생은 참으로 단순한데,
우리는 늘 인생을 복잡하게 만든다."
– 공자

개요 = 목표 〉 문제 〉 해결책

책을 읽는 동안 당시은 이렇게 생각했을 수도 있다. '나의 업무 주제는 1분으로 요약해서 전달하기에는 너무 복잡해.' 만약 이런 생각이 들었다면, 나는 전적으로 당신을 이해한다. 정말로 복잡한 주제에 GPS 기법을 제대로 적용한 사례를 보기 전까지는 나도 당신과 같은 생각을 했기 때문이다.

미국 버지니아주 미 항공우주국NASA에서 근무하는 엔지니어인 산토시와 더그는 바비큐 파티에서 가장 좋아하는 주제인 국제우주정거장ISS에 추가 자금을 지원해야 하는 필요성을 이야기하고 있었다. 당시는 미국이 달 탐사에 다시 관심을 돌리던 시점이었지만 ISS가 여전히 NASA 예산에서 큰 비중을 차지했고, 산토시와 더그 모두 ISS 예산이 유지되어야 한다는 확고한 의견을 갖고 있었다.

산토시와 더그가 약 30분간 깊은 토론을 이어가던 중 지역 킥볼 리그에서 두 사람과 같은 팀의 팀원이자 헬스케어 기업의 임원인 닉이 대화에 합류했다. 닉은 자신이 어떤 상황에 발을 들이는지도 모르는 채 왜 그토록 많은 자금이 ISS에 투입되어야 하는지 물었다.

두 엔지니어는 ISS의 복잡성, 태양과 심우주 방사선deep-space radiation이 불러오는 도전 과제, 그리고 ISS의 고도를 적절하게 유지하고 사람과 물자를 실어 나르는 데 필요한 연료 등에 대해 상세히 설명했다. 또한 궤도에 떠 있는 파편이 초래하는 위험 등 다양한 위험성에 대한 이야기를 덧붙였다.

그런데 닉은 이 이야기에 별로 개의치 않는 것 같았다. 그날은 날씨도 좋았고, 손에는 음료도 있었고, 이야기도 흥미로웠다. 두 엔지니어가 ISS를 통해 이룬 과학적 성과를 주제로 20분 넘게 이야기하는 동안, 몇몇 다른 사람들이 곁으로 다가와 귀를 기울였다.

마침내 두 사람의 이야기가 마무리되는 즈음 산토시가 닉에게 말했다.

"그러니까, 이런 이유로 비용이 많이 들 수밖에 없으니 정부가 계속 지원해야 하는 겁니다."

"두 분은 이 분야에 정말 해박하시네요."

닉이 웃으며 대답했다.

"말씀하신 내용을 완전히 이해하지는 못했지만, 제가 파악한 바로는 우리가 우주에 과학 실험실을 구축했고 거기서 중요한 것들을 많이 배우고 있다는 거네요. 문제는 우주로 가기가 매우 어렵고, 우주에는 인간 생명을 위협하는 요소가 수없이 많다는 거죠. 그래서 실험실을 우주에 유지하며 과학자를 안전하게 지키는 데 많은 돈이 든다는 거예요."

닉의 설명이 알아듣기가 더 쉽다고 주변 사람들이 말하는 가운데, 산토시와 더그가 닉을 빤히 바라보았다.

"그것보다 훨씬 복잡하긴 해요."

산토시가 말했다.

"그래도 거의 정확하게 요약하셨어요."

닉은 뉴스나 TV에서 본 내용을 제외하면 사실 ISS에 대해 거의 알지 못했다. 엔지니어도 아니었고, 우주 탐사 프로그램에 참여한 적도 없으며 저지구 궤도에서의 삶이 얼마나 복잡한지도 전혀 알지 못했다. 그런데도 닉은 고도로 숙련된 엔지니어 두 명에게서 방대한 기술 정보를 흡수했고 비엔지니어도 이해할 수 있도록 30초 만에 그들의 대화를 요약해 냈다.

당신은 닉이 제시한 대화의 개요가 바로 GPS로 구성되어 있다는 점을 알아차렸는가? 다음 개요를 다시 한번 살펴보고 구조화된 개요를 구성하는 세 가지 요소를 찾아보자.

- **목표**: 우주에 과학 실험실을 구축해 인류가 중요한 사실을 많이 배우도록 돕는 것
- **문제**: 우주로 가기는 매우 어렵고, 우주에는 인간 생명을 위협하는 요소가 수없이 많다.
- **해결책**: 실험실을 우주에 유지하며 과학자를 안전하게 지키는 데 많은 돈을 쓴다.

위의 사례가 보여주듯 아주 복잡한 주제일지라도 GPS를 활용하면 이야기를 빠르고 명확하게 요약하는 것은 가능하다.

일부 사람들은 닉의 개요가 지나치게 단순화되었다고 주장할지 모른다. 만약 대화 장소가 ISS에서 일하는 NASA 엔지

니어들로 가득 찬 방이었다면, 그 주장이 옳을지도 모른다. 하지만 바비큐 파티에 참석한 사람들은 우주 기술 전문가가 아니었고, 해당 주제에 관한 사전 지식도 없었다.

대화의 목적은 우주 정거장을 유지하는 데 큰 비용이 드는 이유를 설명하는 것이었고, 닉의 개요는 그 이유를 설명하는 가장 적합한 방식이었다. 만약 산토시와 더그가 대화 초반에 정확한 대화의 개요를 제시했다면, 사람들은 일방적으로 이야기를 듣는 대신 우주 탐사의 성과나 위험성을 주제로 질문을 주고받으며 대화할 수 있었을 것이다.

모든 청자가 20분간 그들의 장황한 설명을 듣지 않고도 대화 초반에 핵심을 이해할 수 있었을 것이다.

어떤 주제든 1분이면 요약할 수 있다

업무 주제가 아무리 복잡하더라도 이처럼 목표·문제·해결책 기법을 활용하면 요약할 수 있다.

나는 워크숍 참가자들에게서 이런 말을 자주 듣는다.

"저의 업무 주제는 너무 복잡해서 60초로 절대 요약할 수 없어요."

　이런 인식은 대부분 업무가 복잡하다는 점에서 충분히 이해할 만하다. 하지만 과연 현재의 일이 우주 진공 속에서 인간이 거주할 수 있는 환경을 유지하는 방법을 고려할 만큼 복잡할까? 닉은 그 일을 해냈다! 당신의 업무는 물론 이것만큼 복잡하지는 않더라도 각 산업과 직무에 내재한 수많은 세부 요소를 고려하면 분명 복잡할 것이다.

　이처럼 대부분의 업무 상황은 GPS 기법으로 명확하게 설명할 수 있다. 바비큐 파티에서 ISS를 주제로 진행된 대화의 사례는 아무리 복잡한 상황이라도 이를 요약할 수 있음을 보여줬다.

　그럼에도 불구하고 여전히 직장에서는 명확한 개요가 아닌 장황하고 복잡한 업무 설명을 듣는 일이 흔하다.

　왜일까?

　업무 설명이 지나치게 복잡해지는 데에는 몇 가지 공통된 핵심 원인이 있다.

- **원인 #1**: 청자가 화자와 같은 방식으로 생각한다고 가정한다.
- **원인 #2**: 청자가 문제를 이해하려면 화자가 모든 세부 사항을 알려야 한다고 생각한다.
- **원인 #3**: 화자가 문제 자체가 아닌 변수와 의존 관계에 집중한다.

- **원인 #4**: 화자가 한 번에 두 가지 이상의 문제를 요약한다.

원인 #1: 청자가 화자와 같은 방식으로 생각한다고 가정한다

인간은 사안을 요약할 때 자신이 선호하거나 필요한 방식대로 요약하려는 경향이 있다. ISS 사례에서 두 엔지니어는 자신과 동일한 지식과 경험을 청자가 보유했다고 가정하고 자금 지원의 필요성을 설명했다. 그러나 실제 청자는 우주 기술에 대해 거의 알지 못했고, 단순히 ISS 유지비가 왜 그토록 많이 드는지에 대해 개념을 명확히 이해하고 싶었다. 현장에 있던 이들은 개념 이해를 위해 별도의 세부 사항을 알 필요가 없었던 것이다.

앞으로 업무상으로 누군가와 이야기를 할 때는 그 사람이 무엇을 얼마나 알고 있는 사람인지를 먼저 고려하자. 내가 이야기하는 의도를 상대방이 이해하기 위해서는 청자가 실제로 무엇을 알아야 하는지, 또 화자에게서 전달받은 정보로 청자가 무엇을 해야 하는지를 생각해 보자.

일단 핵심 전달에 필요한 최소한의 정보와 데이터부터 먼저 제시하자. 청자는 정보를 너무 많이 전달받으면, 화자의 메시지와 목적을 이해하기 더 어려워하기 때문이다. 가장 단순한 설명부터 명확히 시작하고, 이후에 필요하다면 언제든 더 많은 세부 정보를 덧붙일 수도 있다.

원인 #2: 청자가 문제를 이해하려면 화자가 모든 세부 사항을 알려야 한다고 생각한다

만약 당신이 특정한 문제로 어려움을 겪으며 상대방에게 조언을 구할 때는 자신이 가진 모든 정보를 상대방에게 미리 알려야 한다고 생각하기 쉽다.

이런 생각의 일부는 우리 내면에서 비롯한다. 우리는 의식적으로든 무의식적으로든 '상대방이 나에 대한 모든 사실을 알지 못하면서 어떻게 내게 올바른 조언을 할 수 있을까?'라고 생각한다. 또한 해결책을 찾기 위해 그동안 당신이 이미 상당히 노력했다는 점도 드러내고 싶어 하는 경우가 많다.

그런데 정작 청자가 화자의 모든 정보를 알아야만 효과적으로 도움을 줄 수 있는 상황은 드물다. 직장 내 의사소통의 목적이 대부분 특정 문제를 해결하는 데 있음을 고려하면, 화자가 제공하는 정보는 그 한 가지 문제를 해결하기에 충분한 정도면 된다.

이 책의 앞부분에 언급된 기법을 활용해 메시지를 프레이밍했다면, 메시지의 의도(행동, 의견, 승인, 조언 요청 등)는 이미 명확히 규정되었을 것이다. 당신이 이 단계를 거쳤다면 화자는 이제 당신의 의도 달성에 꼭 필요한 만큼의 정보만 구조화시켜 청자에게 전달하면 된다.

- 의사 결정이 필요한 경우 대화의 개요는 왜 그런 결정이 필요한지 장황하게 설명하기보다 어떠한 결정을 내려야 하는지에 집중해야 한다.
- 문제 해결에 대한 조언을 구하는 경우 대화의 개요는 문제 발생의 원인을 길게 설명하기보다는 지금 당장 해결해야 할 문제가 무엇인지에 집중해야 한다.

정말 쉽다. 상대방에게 명확한 메시지 전달을 원한다면 필요한 정보만 골라 간결하게 말하는 것이 최선이다.

원인 #3: 화자가 문제 자체가 아닌 변수와 의존 관계에 집중한다

업무에서 해결해야 하는 문제는 대부분 복잡하다. 만약 문제가 단순했다면 이렇게까지 애쓸 필요도 없었을 것이다.

비교적 단순해 보이는 문제조차 대개 두 가지 이상의 변수를 가지고 있다. 게다가 이런 문제들은 현재 논의하려는 상황을 넘어 다른 요소들과 얽혀 있거나 서로 영향을 주고받는다. IT 시스템을 예로 들어보자. 시스템들은 서로 연결되어 있어서 하나의 프로젝트에서 비용이 초과 지출되면 그 여파가 다른 프로젝트에 번질 수 있다. 일정이 지연되는 것도 여러 문제가 겹쳐 만들어낸 결과일 때가 많다. 이런 사례는 일일이 열거하기 어려울 만큼 많다.

문제의 원인과 실제로 해결해야 할 문제를 혼동하지 말자.

문제를 요약할 때는 해결해야 할 핵심에 집중하기보다 그 문제를 복잡하게 만드는 여러 요소를 늘어놓기가 쉽다. 하지만 여러 변수가 있다는 사실 자체가 문제인 것은 아니다.

문제를 일으키는 변수가 알려지지 않았거나 계속 변화한다면, 그 사실이 하나의 문제가 된다. 이런 경우 구조화된 개요에서는 변화하는 변수 자체를 문제로 규정하고 이를 어떻게 해결할지에 대해 제시해야 한다. 이때 각 변수에 관한 상세한 설명은 필요하지 않다. 개요가 제시된 후부터 이어지는 대화에서는 각 변수의 세부 내용과 그것이 목표에 미치는 영향을 설명할 수 있지만, 개요에는 그런 세부 사항이 필요하지 않다. 개요는 이름 그대로 목표와 문제 그리고 해결책을 큰 틀에서 정리하는 역할을 해야 한다.

의존 관계도 마찬가지다. 의존 관계는 해결해야 할 문제가 아니다. 의존 관계가 업무에 영향을 미치고 있다면, 의존 관계를 제거하는 것이 아니라 의존 관계로 인한 문제 해결을 목표로 삼아야 한다. 예를 들어 다른 프로젝트가 지연되고 있고 그 프로젝트가 끝나야만 업무를 시작할 수 있는 상황이라면, 문제는 의존 관계가 있다는 사실이 아니라 해당 프로젝트의 마감일이 미뤄지고 있다는 점이다. 구조화된 개요는 바로 이 마감일 지연 문제를 어떻게 해결할지에 초점을 맞춰야 한다.

목표와 그 목표 달성을 가로막는 문제를 명확히 짚어낼 수 있다면 개요 역시 명확해진다.

원인 #4: 화자가 한 번에 두 가지 이상의 문제를 요약한다

그동안 하나의 대화에 여러 주제가 포함되면 문제가 발생할 수 있음을 확인했다. 그런데 하나의 개요에 여러 문제가 포함되는 경우도 마찬가지다. 문제가 여러 개라는 것은 보통 해결책도 여러 개 필요하다는 것을 의미하니까.

복잡한 목표는 대개 여러 구성 요소로 이루어져 있다. 그러다 보니 여러 문제가 동시에 존재하는 경우가 많다. 이런 상황에 직면하면 화자는 대화를 시작할 때 개요에서 온갖 문제를 늘어놓게 된다. 그러면 안타깝게도 앞서 언급한 일반적인 오류를 저지를 위험이 커진다. 또한 청자 입장에서도 대화 도중 각각의 주제를 따라가기가 더 힘들어진다.

문제는 한 번에 하나씩 해결되어야 하고, 각 문제가 해결되기 위해서는 별도의 대화가 필요하다. 그렇다고 해서 문제별로 회의를 여러 번 진행하거나, 청자를 여러 번 찾아갈 필요는 없다.

각 주제를 차례대로 논의하는 방식이면 한 번의 대화 안에서 모든 주제를 다룰 수 있다. 여러 주제를 포함한 대화가 명확하게 진행되려면 대화 초반에 프레이밍과 요약이 이루어져야 한다. 다루는 문제마다 청자에게 구조화된 개요를 개별적으로 제시할 수 있다면 대화를 효과적으로 이끌며 기대한 결과에 다다를 수 있다.

이제 어떤 대화든 프레이밍으로 시작하자. 그리고 새로운 주제로 넘어갈 때마다 이에 대한 프레이밍과 구조화된 개요를 덧붙이자. 첫 번째 주제에 대한 대화를 마무리한 후 가능하다면 해결책에 집중해 원하는 의도를 달성한 뒤 두 번째 주제로 넘어가자.

두 번째 주제 역시 프레이밍과 구조화된 개요로 시작하자. 이렇게 하면 화자와 청자 모두 새로운 주제가 시작되었음을 분명하게 알며, 새로운 의도와 해결책 또한 인식하게 된다. 다음의 그림을 살펴보자.

여러 주제를 포함한 대화를 구조화하는 법

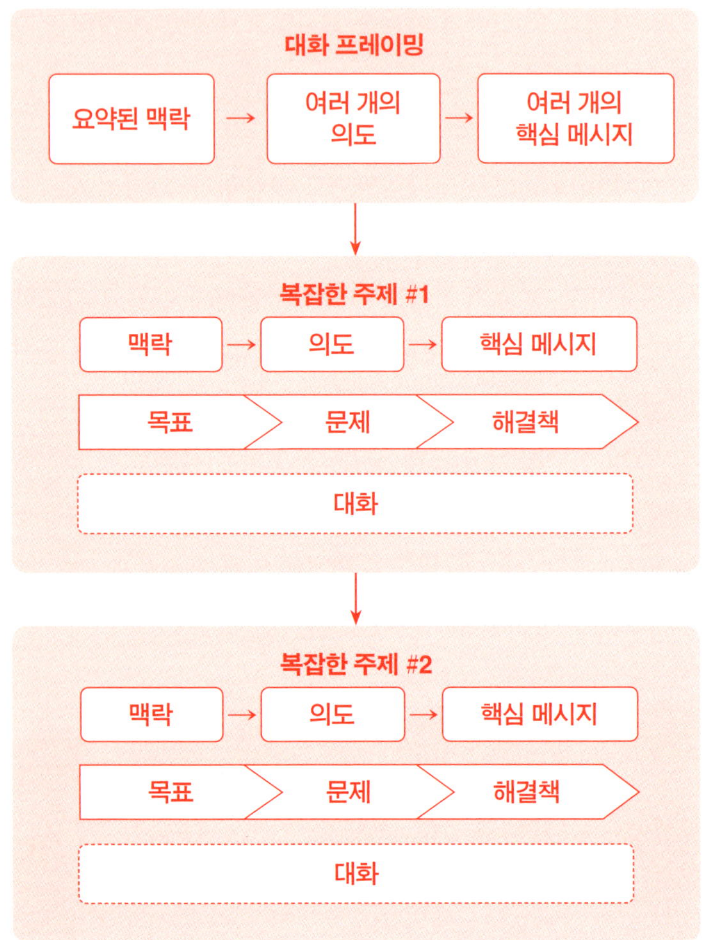

규칙의 예외

여러 문제가 존재하지만 문제들을 제각각 프레이밍할 필요가 없는 상황이 있다. 여러 문제가 한 가지 원인에서 비롯한다면, 그 공통 원인이 해결해야 할 단일 문제가 된다. 이런 경우에는 하나의 근본 원인을 GPS 기법으로 요약한다. 다음 예시를 살펴보자.

- **목표**: 업그레이드된 제품을 기한 내에 출시한다.
- **문제**: 일정이 서로 다른 여러 문제가 얽힌 까닭에 예정된 제품 출시일을 맞추지 못할 것이다.
- **해결책**: 문제를 검토하고 대처 방안을 수립하기 위해 청자가 소속된 팀과 논의할 시간을 확보한다.

위의 예시는 구조화된 개요를 구성하는 모든 요소를 갖추고 있다. 개별 문제와 관련된 내용이 자세히 설명되지는 않았으나 이 개요를 토대로 청자는 현재 어떤 일이 일어나고 있는지, 문제가 무엇인지, 이 문제를 해결하기 위한 대처 방안이 무엇인지 파악할 수 있다.

개요에서 세부 사항을 생략하기가 불안하다면 구조화된 개요의 문제 항목에 청자의 이해를 돕기 위한 몇몇 구체적 예시를 추가할 수 있다. 다만 개요가 너무 길어지지 않도록 주의하자. 개요를 마무리하는 대신 세부 사항을 설명하기 시작하면 개요가 과도하게 장황해질 위험이 있기 때문이다.

다음은 위와 동일한 내용의 예시이지만, 문제 항목에 몇 가지 세부 사항이 추가되었다.

- **목표:** 업그레이드된 제품을 기한 내에 출시한다.
- **문제:** 납기 지연, 생산 공정 적체, 테스트 지연 등 일정이 서로 다른 여러 문제가 얽힌 탓에 예정된 제품 출시일을 맞추지 못할 것이다.
- **해결책:** 문제를 검토하고 대처 방안을 수립하기 위해, 청자가 소속된 팀과 논의할 시간을 확보한다.

주제를 요약하는 능력은 리더와 소통할 때 갖추어야 하는 핵심 역량이다. 리더들은 자세한 이야기로 들어가기 전에, 핵심을 한눈에 파악할 수 있는 개요를 듣고 싶어 한다.

리더가 되고 싶거나 리더와 정기적으로 소통해야 한다면 주제를 명확하게 요약하는 역량을 완벽히 습득해야 한다.

주제를 요약하기 어렵다고 느끼는 이유는 많다. 하지만 이번 예시에서 드러나듯 GPS 기법을 활용하면 어떤 주제든 빠르고 명확하게 요약할 수 있다. 핵심은 논의하고 싶은 한 가지

문제를 정하고 그 문제의 개요를 작성하는 것이다. 여러 문제
를 논의하고 싶다면 청자가 혼란에 빠지지 않도록 문제마다
여러 개의 개요를 따로 작성해야 한다.

이전 실전에서 프레이밍했던 여러 주제를 포함하는 이메일이나 대화 노트를 다시 꺼내보자. 대화에 필요한 프레이밍이 이미 완료되어 있을 것이므로, 다음 단계는 GPS 기법을 활용해 주제별로 구조화된 개요를 작성하는 것이다.

각 주제에 대한 개요를 직접 써 보자. 이 과정을 따라가다 보면 당신이 대화에서 무엇을 얻고 싶은지 명확히 밝히는 데 도움이 될 것이다. 또한 이 책을 읽으며 직접 작성한 노트는 대화의 시작을 올바른 방향으로 이끌어주는 좋은 가이드가 될 것이다.

"과거 잘못에 매몰되지 말고 다음 행동에 집중하라.
해답을 찾아 앞으로 나아가는 데 에너지를 쏟아라."
– 데니스 웨이틀리Denis Waitley

구조화된 개요를 구성하는 세 번째 요소는 해결책이다. 해결책 항목은 청자가 앞으로 무엇을 해야 하는지 가르쳐준다. 목표와 문제가 명확히 제시되더라도 해결책이 없으면 청자는 '그래서 뭐?'라고 생각할 것이니까.

대화 초반을 프레이밍하면 청자는 화자의 메시지와 의도(예: 의사 결정, 조언이나 의견 제시)를 사전에 이해하게 된다. 구조화된 개요 속의 해결책 항목은 화자가 앞으로 어떤 일이 일어나기를 바라는지 그리고 그 과정에서 청자가 맡는 역할이 무엇인지를 구체적으로 알린다.

해결책 제시는 왜 중요할까? 청자를 해결책과 앞으로 나아갈 방향, 그리고 실천 방안에 집중시키기 때문이다. 이는 논의가 문제에만 매몰되지 않도록 막아준다.

문제는 과거에서 해결되지 않는다

이미 경험했겠지만 사람들은 대개 상황을 설명할 때 사건을 일어난 순서대로 나열한다. 이 책에 등장하는 예시에서도 그러한 경향을 볼 수 있을 것이다. 그런데 이런 방식으로 소통하면 시간도 오래 걸리고 청자는 문제가 발생하기까지의 과정, 즉 과거 이력에만 집중하게 된다.

이렇게 되면 청자의 문제 해결 역량은 과거에 문제 상황을 어떻게 피해야 했는지 따지는 데 모두 소모된다. 이는 교훈을 얻거나 절차를 개선하는 데는 유용하지만 실제 문제 해결에는 전혀 도움이 되지 않는다.

문제를 해결하는 것을 목표로 대화를 시작할 때 과거 그 문제를 어떻게 피해야 했는지를 따지는 데 모든 시간을 쓰고 싶어 하는 사람은 거의 없다. 우리는 메시지를 전달받는 사람이 과거가 아닌 미래에 집중하기를 바란다. 그들이 실질적 조치와 향후 대처 방안에 집중한 끝에 문제를 극복하고 목표 달성에 한층 가까워지기를 원한다.

구조화된 개요는 해결책으로 마무리되므로 대화의 첫 1분이 지나면 과거를 되짚는 것에서 벗어나 문제의 해결책에 집중할 수 있는 방법이다.

미래를 바라보는 대화가 긍정적인 대화다

문제 원인에 초점을 맞추는 대화는 그 대화의 목표가 문제 재발 방지인 경우에만 유용하다. 그것이 목표가 아니라면 문제의 발생 이력을 되짚는 일은 그 문제에서 파생된 오류와 골칫거리를 다시 상기시킬 뿐이다. 많은 사람은 그런 일을 달가워하지 않는다.

교훈을 얻을 기회를 피하거나 절차 문제를 바로잡을 기회를 외면하자고 주장하는 것이 아니다. 나는 지속적인 개선의 가치를 굳게 믿는다. 다만 의사소통의 목적은 대부분 문제를 원활히 해결할 방법을 찾는 것에 있다는 것을 상기시키고 싶다. GPS 기법은 바로 그러한 결과가 나오도록 돕는다.

GPS 기법의 세 가지 구성 요소가 적용된 구조화된 개요로 대화를 시작하면, 해결책 중심의 생산적인 대화가 이루어질 가능성이 높다.

GPS 기법은 문제를 대충 얼버무리고 넘어가지 않는다. 개요의 끝부분에 해결책을 제시하며, 논의의 초점을 문제 해결에 필요한 실행 방안으로 옮긴다. 문제 해결을 위한 조치가 이미 취해진 경우 해결책 항목은 그동안 실행된 효과적인 조치를 설명하는 역할을 한다. 이는 앞서 언급했듯 문제의 과거 이력이 아닌 긍정적 성과에 집중하게 한다.

GPS 기법이 의사소통 분위기를 어떻게 바꿀지 다음의 예시를 통해 상상해 보자.

"BAC-15 생산 작업을 마무리하던 중 판금 롤러가 멈춰 섰습니다. 무슨 일이 발생했는지 파악하는 동안 생산 설비를 멈춰야 했습니다. 알고 보니 신규 장비의 설치 공간을 확보하기 위해 원료 공급 장치를 옮겼는데, 생산을 재개하기 전에 원래 위치로 되돌려 놓지 않았던 겁니다. 생산팀은 판금 롤러를 정렬하며 기존 바닥 표시를 참고했지만 신규 장비가 들어오면서 변화한 배치에 맞춰 표시선이 업데이트되지 않은 상태였습니다. 이 사실을 발견하고 바닥 표시를 전부 다시 칠해야 했는데, 이게 빨리 끝나는 작업이 아니었습니다.

안전 지침서도 옛날 버전이어서 바뀐 배치에 맞게 수정해야
했습니다. 어쨌든 작업은 끝났고, 생산은 재개되었습니다."

무슨 말인지 바로 이해가 되는가? 사실 현장 감독은 간단
히 보고하고 싶은 마음이었을 것이다. 여러 세부 정보를 설명
하는 동안 옆길로 새지 않았고, 생산이 재개되었다는 좋은 소
식으로 이야기를 끝냈다. 하지만 문제 해결 과정에서 생산팀
이 경험한 실수와 문제를 나열한 결과, 이야기가 대부분 부정
적으로 들린다.

이런 보고는 공장장을 미래가 아닌 과거에 집중하게 한다.
게다가 해결책을 발견해 실행했다는 점이 명확하게 드러나지
않아, 문제가 여전히 남아 있는 듯한 인상을 준다.

위의 예시를 GPS 기법으로 다시 작성하면 훨씬 긍정적인
현황 보고가 될 수 있다.

"BAC-15 생산 작업을 마무리하던 중 판금 롤러가 멈춰 섰
습니다. 롤러가 멈춰 선 원인을 찾아 해결했고, 24시간 이내
에 모든 설비를 재가동했습니다. 현재 생산 설비의 재배치
가 완료되었으며, 같은 문제가 재발하지 않도록 공정 문서
를 업데이트하고 있습니다."

두 가지 버전의 현황 보고 모두 목표와 문제가 같지만, 두 번째 버전에서는 해결책 항목이 이미 실행한 조치를 설명한다는 점이 다르다. 첫 번째 버전에도 해결책 항목이 있지만 여러 문제점과 그 문제의 원인에 좋은 소식이 가려졌다. 두 번째 버전은 해결책 항목이 긍정적이고 미래 지향적이다. 문제 해결을 위한 조치가 완료되었고, 생산 설비가 재가동 중이며, 재발 방지 대책이 마련되었다는 내용을 명확히 전달한다.

두 번째 현황 보고는 문제를 숨기는 것이 아니다. 문제 해결을 위해 생산팀이 실행한 조치에 주목하며, 전반적으로 긍정적인 메시지를 전달한다.

현황 보고를 해야 한다면, 특히 문제에 관한 보고라면 문제 해결을 위해 이미 실행한 조치에 집중하자. 아직 아무 조치도 취하지 않았다면, 향후 어떤 절차로 문제를 해결할 예정인지 요약해 보고하면 된다. 향후 실행할 방안이 정해지지 않았다면, 해당 대화는 청자에게서 의견을 얻어 해결책을 찾으려는 목적일 가능성이 크다.

이 마지막 상황에서는 해결책 항목이 다음처럼 단순해진다. '문제 해결에 도움을 주실 수 있나요?'

해결책을 긍정적인 방향으로 제시하면, 대화는 문제의 과거 이력을 되짚는 부정적 흐름에서 벗어나 미래를 내다보는 건설적인 소통으로 바뀔 것이다.

이전 장에서 언급한 사례들을 다시 한번 살펴보자. 구조화된 개요가 해결책으로 마무리되는 형식은 대화를 미래 지향적으로 이끌며 향후 대처 방안에 집중하도록 돕는다.

사례 #1 : 콜센터 상담원 샘과 분실된 화물 환불

- **맥락:** 방금 데이비슨 그룹과 통화했습니다.
- **의도:** 문제 해결을 도와주실 수 있나요?
- **핵심 메시지:** 이 고객사는 마지막 화물을 받지 못했고 환불을 원합니다.
- **목표:** 데이비슨 그룹이 지난달 선결제한 화물이 도착하지 않았고, 우리는 이 문제를 해결해야 합니다.
- **문제:** 저는 화물을 아직 찾지 못했으며, 환불 금액은 제가 승인할 수 있는 한도를 초과합니다.
- **해결책:** 환불을 승인해 주시고, 분실된 화물 추적을 도와주실 수 있나요?

위의 사례는 명확한 행동 요청(환불을 승인해 주실 수 있나요?)과 분실된 화물을 추적하기 위한 지원 요청으로 끝난다. 이 시점에서 관리자는 간단히 환불을 승인할 수도 있다. 그렇게 된다면 대화는 다음 1분 안에 끝나고, 콜센터 상담원 샘은 문제의 발생 이력을 설명하는 데 필요한 10분이라는 시간을 절약할 수 있다.

또는 관리자가 분실된 화물을 추적하는 일에 집중할 수도 있는데, 이 경우 샘은 그동안 어떤 조치를 실행했는지에 관한 질문을 받게 될 가능성이 크다. 문제의 과거 이력을 되짚는 일에서 완전히 벗어나는 것은 불가능하다. 그러나 프레이밍과 구조화된 개요를 활용하면, 과거에 매몰되지 않고 해결책에 신속히 도달할 수 있다.

관리자가 어떤 선택을 하든, 대화의 초점은 여전히 향후 실행 방안에 맞춰져 있다.

사례 #2: IT 시스템 업그레이드 필요

- **맥락:** 새로운 정보 보안 정책을 검토했습니다.
- **의도:** 대처 방안을 마련해야 합니다.
- **핵심 메시지:** 현재 우리 회사의 방화벽이 더는 규정을 준수하지 않습니다.
- **목표:** 새로운 업계 규정에 따르면, 모든 전자상거래에는 결제 데이터를 안전하게 보호하기 위한 레벨 5 방화벽이 반드시 적용되어야 합니다.

위의 사례는 문제 해결책을 직접적으로 제시하지 않는다. 그 대신 문제 해결에 필요한 절차를 설명하는 것으로 끝난다. 이후 이어질 대화는 누가 대처 방안을 마련할 것인지, 그러한 방안을 언제, 어떻게 실행할 것인지 논의하는 데 집중할 가능성이 크다. 문제가 발생한 시점과 장소에 따라 대화의 세부 내용은 달라질 수 있다. 중요한 점은 프레이밍과 구조화된 개요를 활용하면 단 1분 만에 대화의 초점을 미래에 맞추고, 대화 참여자가 계획을 세우기 시작할 수 있다는 것이다.

위의 두 사례에서 청자는 이후 자신이 무슨 행동을 해야 하는지 알고 있다. '왜 나에게 이런 이야기를 하는 걸까?' 또는 '이 정보를 토대로 내가 무엇을 하길 원하는 걸까?'라는 의문을 떠올리지 않는다.

구조화된 개요의 해결책 항목은 앞으로 진행해야 할 후속 조치를 명확하게 제시한다. 이런 방식으로 대화를 시작하면, 청자는 다음 조치를 실행할 준비를 갖추게 된다.

구조화된 개요의 작성법을 익히고 몇 가지 예시를 살펴보았으니, 이제는 그 지식을 실제 상황에 적용할 차례다. 결국

실력을 향상하는 유일한 방법은 연습이다. 연습을 거듭하다
보면, 구조화된 개요 작성은 자연스러운 습관이 될 것이다.

3장 대화의 개요를 구조화 시키기

앞으로 전달해야 할 주요 업무 메시지를 하나 정하고 GPS 기법으로 요약해 보자. 먼저 대화를 프레이밍으로 시작하며 맥락·의도·핵심 메시지를 정리하자. 다음에는 목표·문제· 해결책이 구체적으로 드러나는 구조화된 개요를 작성하자.

프레이밍

- 맥락:

- 의도:

- 핵심 메시지:

구조화된 개요

- 목표:

- 문제:

- 해결책:

이 연습이 어렵게 느껴진다면 아래에 제시된 질문에 답하며 무엇이 문제인지 점검해 보자.

- 대화 속에 하나의 명확한 목표가 있는가?

- 구조화된 개요에 문제가 2개 이상 포함되어 있는가?

- 해결해야 할 문제가 아닌 변수나 의존 관계에 초점을
  맞추고 있는가?

- 청자의 문제 이해를 돕기 위해, 알고 있는 모든 정보를
  전달하려 하는가?

- 해결책이 미래 지향적이며 실행 가능한가?

작성한 개요가 외워지지 않을 때

프레이밍과 구조화된 개요는 둘 다 단순하고 기억하거나 적용하기 쉽도록 설계되었다. 새로운 기법을 배우거나 실제 상황에 적용할 때는 모든 내용을 기억하는 일이 부담스럽게 느껴지곤 한다. 대화를 위해 구조화된 개요를 작성했는데 그 내용을 기억해 낼 수 있을지 확신이 서지 않는다면 해결책은 간단하다. 개요를 메모해 대화 자리에 가져가면 된다.

메모를 보면서 말하는 모습이 상대방에게 어떤 인상을 남길지 걱정된다면, 다음을 생각하자.

- 청자는 메시지를 전달하는 방식보다 메시지 내용에 더 주목한다. 완벽한 전달 방식보다는 내용과 정보가 더 중요하다는 의미다.
- 대부분의 지도자, 정치인, 언론인, 최고경영자는 준비된 메모나 원고를 참고해 연설한다. 메시지의 내용을 정확히 전달하는 것이 중요하지 않았다면, 텔레프롬프터telleprompter는 존재하지 않았을 것이다.

메모를 보다 적극적으로 활용하자. 청자는 간결하고 명확하며 이해하기 쉬운 메시지를 전달받을 때 화자를 긍정적으로 평가한다. 프레이밍과 구조화된 개요를 토대로 메시지를 생각하고 준비하는 일은 시간이 흐를수록 자연스러운 습관이 될 것이다. 그때까지는 메모를 활용해도 괜찮다.

이것이 습관이 되면 아예 메모를 적지 않아도 되는 단계에 이를 수도 있다. 그렇게 되지 않더라도 걱정할 필요는 없다. 나는 요즘도 대화 전에 메모를 준비하는데, 단 1분만 준비해도 훨씬 자신감 있게 말할 수 있기 때문이다. 또한 메모를 준비하면 대화 초반부터 청자에게 간결하고 핵심이 분명한 메시지를 전달할 수 있다.

구조화된 개요 작성법을 익히면 간결한 대화의 중요성을 아는 단계에서 실제로 간결하게 말할 수 있는 단계로 나아가게 된다.

GPS 기법을 활용하면 모든 업무 대화의 도입부에 개요를 제시하며 흔하게 일어나는 의사소통 문제를 예방할 수 있다. 예를 들어 세부 내용으로 너무 빠르게 진입하는 것, 주제에서 벗어나는 것, 해결책이 아닌 과거에 집중하는 것 등이 있다.

구조화된 개요를 작성하면 다음과 같은 이점을 얻을 수 있다.

- 어떤 메시지든 짧은 문장 몇 개만으로 누구나 이해하기 쉽게 전달한다.
- 메시지의 핵심을 논리적으로 배열해 청자가 자연스럽게 이해하도록 돕는다.
- 긍정적이고 미래 지향적이며 대처 방안이 분명한 해결책을 마지막에 제시한다.

구조화된 개요 작성법을 익혔다면 이제는 청자가 그 이야기를 들을 준비가 되었는지 확인할 차례다. 다음 장에서는 청자에게 대화에 참여할 역량과 시간과 의지가 있는지 확인하는 두 가지 간단한 방법을 다룰 것이다.

당신은 이 과정을 통해 훌륭한 소통가로서 역량을 높이고, 대화에서 얻는 성과를 극대화할 수 있을 것이다.

4장
시간 & 대화 상대
확인하기

"청자가 메시지를 받아들일 준비가 되었는지 확인하라."
– 작가 미상

대화에는 최소 두 사람이 관여한다. 화자와 청자다. 화자가 대화의 첫 1분을 아무리 완벽하게 준비했더라도 청자가 그 메시지를 받아들일 준비가 되었는지는 불확실하다. 청자가 화자에게 이야기할 의지가 충분히 있다고 하더라도 청자가 대화를 나눌 수 있는 상황인지는 화자가 따로 확인해야 한다.

이를 확인하는 가장 간단한 방법은 직접 대화를 할 상황인지 묻는 것이며, 대화의 첫 1분 안에 해야 한다.

대화를 효과적으로 시작하기 위해 반드시 실행해야 할 두 가지 핵심 단계가 있다.

- **1단계:** 시간 확인. 청자에게 예상되는 대화 시간을 미리 알리며 시간 기준을 제시한다.
- **2단계:** 대화 상대 확인. 청자가 지금 대화해도 괜찮은 상황인지 분명히 확인한다.

위의 두 단계는 프레이밍과 구조화된 개요를 활용해 만든 메시지의 시작과 끝에 있다. 만약 두 단계를 건너뛰고 일방적으로 대화를 시작하면 대화 상대에게 좋지 않은 인상을 남길 수도 있고 이는 업무상 평판이 훼손될 위험도 있다. 업무 대화를 시작하기 전 이 두 단계를 충실히 실행한다면, 대화의 첫 1분을 효과적으로 시작하는 길에 들어설 수 있다.

1분만 시간 내주시겠어요?

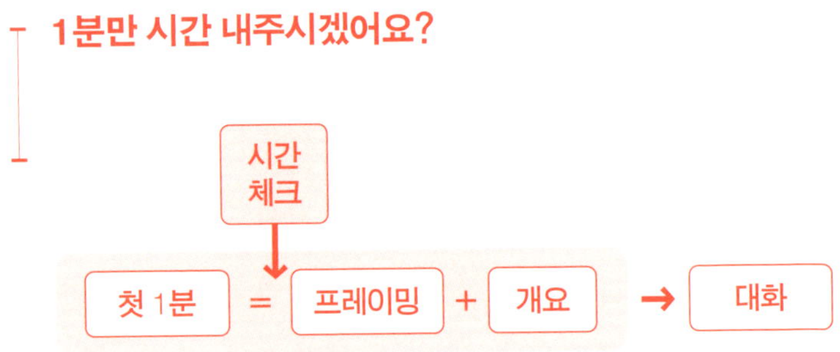

모든 대화의 첫머리에서는 청자에게 예상되는 대화 시간을 미리 알리며 기준을 제시하는 것이 중요하다.

즉흥적이고 계획되지 않은 대화를 시작할 때는 흔히 '1분만 시간 내주시겠어요?' 또는 '잠깐 시간 있으세요?'라고 질문한다.

사람들은 보통 직장에서 예의를 지키기 때문에 누군가가 잠시 시간을 달라고 요청하는 경우 이를 허락한다. 또한 대개는 정보를 있는 그대로 받아들인다. 누군가가 1분만 달라고 하면 정말로 1분 안에 대화가 끝날 것이라 믿기 때문이다.

그러나 이 책 전반에서 설명했듯 대화의 핵심에 이르기까지는 보통은 1분이 넘는 시간이 걸리며 대화를 완료하는 데는 더 많은 시간이 든다. 더구나 사람들은 일단 상대방에게서 관심을 얻고 나면 시간이 가는 줄 모르고 자기 이야기를 본격적으로 쏟아낸다.

청자의 사정으로 일찍 대화를 끝내야 하는 경우가 아니라면 '1분만 시간 내주시겠어요?'로 시작된 대화는 보통은 화자의 의도가 충족될 때까지 길어지게 된다. 청자가 대답하고 대화를 마무리하는 데 걸리는 시간까지 더하면, 처음 요청한 1분은 금세 5분, 10분으로 늘어난다.

화자가 요청한 1분 안에 대화가 끝나지 않으면 청자는 화자의 말을 가로막거나 예상보다 더 많은 시간을 대화에 할애해야 하는 곤란한 상황에 놓이게 된다. 대화 시간이 예상보다 길어지면 다른 회의나 미팅에 늦거나, 혹은 청자의 휴식 시간이 줄어드는 등 화자가 의도하지 않은 부정적인 결과가 뒤따르기도 한다.

대화 시간을 알리는 효과적인 2단계

만약 당신이 제시하는 대화의 주제가 실제로 1분 안에 질문하고 답할 수 있는 내용이면 상대방에게 '1분만 시간 내주시겠어요?'라고 물어도 괜찮다. 그러나 대부분은 주제 설명에 1분 이상 걸리고 답변을 듣기까지 더 많은 시간이 필요하다.

이런 상황에서 '1분만 시간 내주시겠어요?'라는 질문 대신 활용할 수 있는 2단계 과정이 있다. 다음 2단계 과정을 따르면 대화에 참여하는 모든 사람이 시간을 낭비하지 않는 효율적인 의사소통을 경험할 수 있다.

1단계: 실제로 필요한 시간을 요청하라

'1분만 시간 내주시겠어요?'라고 묻는 대신 대화를 나누는 데 필요하다고 생각되는 시간 또는 그보다 더 많은 시간을 요청하는 편이 좋다. 주제를 다루는 데 5분이나 10분, 혹은 10분 이상 필요하다는 것을 안다면 절대 1분만 달라고 요청해서는 안 된다.

의사소통이 효과적으로 이루어지기 위해서는 청자의 기대치와 실제 결과 사이의 간극을 최소화해야 한다. 대화에 필요한 시간보다 더 짧은 시간이 걸릴 것이라고 청자에게 알리지 말자. 섣불리 짧은 시간을 알렸다가는 당신이 정한 대화의 마감 시간을 맞추지 못할 상황에 놓이게 된다. 이는 소통 능력에 대한 신뢰뿐 아니라 업무를 효율적으로 처리하는 사람이라는 평가에도 악영향을 미친다.

자신이 정한 대화 시간조차 지키지 못하면 다른 마감 기한을 지킬 능력까지도 의심받게 될 수 있다. 이런 경우 정말 1분밖에 시간이 없었던 청자라면 화자에게 짜증을 느낄 수밖에 없다.

2단계: 핵심으로 빠르게 들어가라

5분이나 10분, 혹은 그 이상의 시간이 필요하다는 기준을 제시하고 상대방에게 괜찮다는 답을 얻은 뒤에는 대화에 확보한 그 짧은 시간을 절대 낭비하지 말자. 프레이밍과 구조화된 개요를 활용해 1분 이내에 메시지를 전달하고 본격적인 논의에 필요한 시간을 충분히 확보하자.

구조화된 개요를 제시해 명확하고 간결한 메시지를 전달하면 청자가 메시지에 반응할 수 있는 시간은 그만큼 늘어난다. 이때가 바로 화자의 대화 의도 달성에 청자가 도움을 주는 순간이자 대화의 가치가 극대화되는 순간이다.

이처럼 대화 가치를 극대화하려면 화자는 대화를 요청하기 전에 주제와 의도를 곰곰이 생각해야 한다. 이는 매번 대화 전에 30분간 앉아서 고민하라는 의미가 아니다.

화자가 메시지를 정리하고, 대화 의도를 파악하며, 원하는 답이나 결과가 나오기까지 소요될 시간을 추정하는 데는 1분도 걸리지 않는다.

대화 준비에 투자하는 1분에는 충분한 값어치가 있다. 명료한 대화를 통해 메시지가 효율적으로 전달될수록 투자한 1분이 몇 배의 가치로 되돌아올 것이다.

먼저 청자에게 대화 시간의 기준을 제시하고 프레이밍과 구조화된 개요를 전달하자. 이를 통해 청자는 대화의 맥락과 방향을 빠르게 파악할 수 있을 것이다. 그런데 청자가 이미 대화 시간에 동의했더라도 추가 정보를 제공한 뒤에는 청자가 그 대화에 실제로 참여할 수 있는지 다시 확인할 필요가 있다.

청자가 화자의 문제 해결을 돕기 위해서는 그에 필요한 역량과 상황이 청자에게 갖춰져 있어야 한다.

- **역량:** 도움에 필요한 지식, 접근 권한, 의사 결정 권한

청자의 역량 파악

청자에게 화자를 도울 능력이 없다면 그 사실을 가능한 한 빨리 확인하는 것이 중요하다. 그래야 화자와 청자 모두의 시간을 낭비하지 않을 수 있다. 문제 설명에 10분을 쓰고 나서 청자로부터 '그건 제가 승인할 수 없습니다. 나비드에게 이야기하세요'라는 말을 듣게 된다면 당신의 소중한 10분은 무의미해진다.

우리는 흔히 대화 상대를 잘 골랐다고 확신하지만 청자가 우리의 문제를 해결할 역량을 갖추고 있다고 섣불리 가정해서는 안 된다.

청자의 상황 파악

업무 대화는 대부분 일정이 잡혀 있지 않다. 우리는 상대방에게 잠시 들르거나, 전화를 걸거나, 사무실에서 우연히 마주친 김에 대화를 시작하곤 한다.

사전에 일정을 잡아 놓은 회의가 아니면 대화를 시작할 때 상대방이 해당 주제에 관해 이야기할 수 있는 상황인지 정확히 알기는 어렵다. 상대방에게는 대화 준비에 시간이 필요하거나 그 순간 더욱 긴급한 다른 일정이 있을 수도 있기 때문이다. 만약 엘리베이터나 복도에서 상대방을 멈춰 세운 상황이라면 그 사람은 이미 어딘가로 가던 중이었을 가능성이 크다. 회의, 휴식, 또는 다른 여러 일정으로 이동하고 있었을 것이다.

따라서 대화 상대에게 시간이 있다고 가정하기보다 실제로 시간이 있는지 먼저 물어봐야 한다. 이것이 대화 상대의 상황을 체크하는 단계를 거치는 핵심적인 이유다.

우리는 이야기할 준비가 되었을 때, 상대방도 마찬가지로 대화할 준비가 되어 있다고 전제하는 경향이 있다. 대화 주제에 대한 기대감이나 긴박감이 클수록 이런 경향은 더욱 분명하게 나타난다. 그러나 아쉽게도 청자는 화자와 동일한 수준의 기대감이나 긴박감을 느끼지 못할 수도 있다. 대화 상대를 면밀히 파악하는 단계를 거치면 대화 시작 전 화자와 청자 모두 대화할 준비가 동등하게 갖춰져 있는지 확인할 수 있다.

대화에 갇히다

많은 사람은 대화를 시작할 때 적절한 상대와 이야기하고 있다고 쉽게 착각한다.

우리는 대화 상대의 설명을 듣는 중 아직 질문이 명확하게 드러나지 않았는데도 '이 일은 내가 맡을 수 있는 문제가 아니다'라는 사실을 알아차린 경험이 있을 것이다. 대화 상대는 아마도 우리가 답을 안다고 생각하겠지만 실제 상황은 그렇지 않은 것이다.

화자는 우리가 답을 알고 있다고 믿고 있고, 누군가의 추천을 통해 우리에게 왔을 가능성도 크다. 문제는 실제로 우리가 그 일의 적임자가 아니라는 점이다. 이런 상황이 발생하면 화자와 청자 모두 무의미한 대화에 갇히게 된다. 특히 대화 상대가 핵심에 빠르고 명확히 도달하지 못할수록 상황은 더 악화된다. 이미 도울 수 없다는 사실을 알고 있는 상태에서 문제의 경과를 길게 나열하는 설명을 듣는 일은 답답하고 피곤한 법이다.

이런 상황에서 청자의 입장이 되면 선택할 수 있는 대응법은 그리 많지 않다.

1. 대화 상대의 말을 끊고 본인이 도울 수 없음을 알린다. 다만

이는 다소 성급한 판단일 수 있다. 화자의 긴 설명 끝에 대화 의도가 좀 더 분명해지기 전에 청자가 화자의 의도를 잘못 해석했을 가능성이 있기 때문이다. 또한 이런 청자의 태도는 무례한 인상을 남길 수도 있다.

2. 대화 상대의 설명이 끝날 때까지 기다렸다가 본인은 그 질문에 답할 적임자가 아님을 알린다. 이는 상대적으로 공손한 방법이지만 문제 해결에 적합한 사람을 찾는 데 쓰일 수 있었던 시간이 낭비되는 경우다.

우리는 다른 사람이 이런 식으로 내 시간을 빼앗지 못하도록 완전히 막을 수는 없다. 그러나 우리가 다른 사람에게 도움을 요청할 때는 앞서 이야기한 상대방의 시간과 상황을 먼저 파악하는 단계를 추가해 최소한 불필요한 상황을 막을 수 있다.

청자는 본인의 역량과 상황을 스스로 판단하려면 화자에게 무엇이 필요하며 그것이 얼마나 긴급한지 이해할 수 있을 만큼 대화 주제를 잘 파악해야 한다. 화자가 프레이밍과 구조화된 개요를 적용시킨 첫 1분에서 청자는 자기 역량과 상황을 판단하는 데 필요한 정보를 화자에게 제대로 전달해야 한다.

그런데 이것만으로 충분하지 않다. 청자에게는 대화를 계속할지, 아니면 중단할지 선택할 기회 역시 주어져야 한다. 이를 위해서는 간단히 청자에게 직접 대화를 나눌 상황이 맞는지 정확히 묻기만 하면 된다. 나는 이런 단계를 대화 상대 체크라고 부르며, 이 단계는 대화가 가장 좋은 방식으로 시작되도록 돕는다.

이 단계를 거치지 않으면 청자는 대화 도입부에서 화자의 장황한 설명이 끝나기를 기다리거나, 지금 대화할 수 없음을 알리기 위해 화자의 말을 끊어야 하는 상황에 놓이게 된다. 둘 중 어느 쪽이든 화자는 적임자가 아니거나 지금 당장 대화할 준비가 되지 않은 사람에게 말하느라 시간을 허비하게 된다.

한 문제를 해결하기 위해 시작한 대화는 그 대화의 결말이 몇 가지로 한정된다. 여러분의 대화 상대는 다음 중 하나에 해당할 것이다.

- 곧장 대화를 이어갈 준비가 되어 있다.
- 지금 당장 대화할 준비는 되어 있지 않다.
- 자신은 해당 주제를 논의할 적임자가 아니라고 한다(필요하다면 다른 사람을 소개할 수 있다).
- 프레이밍이나 구조화된 개요에서 언급된 부분을 명확히 밝히고 싶어 한다.

청자가 대화를 계속할 수 있는지 확인하기는 쉽다. 구조화된 개요를 제시한 뒤 대화 상대를 체크하고 싶다면, 다음 질문을 해 보자.

- 이 사안을 담당하고 계신 분이 맞나요?
- 지금 바로 이 문제를 논의할 시간이 있으신가요?
- 제가 방금 설명한 내용 중에서 추가 설명이 필요한 부분이 있나요?

위의 질문은 청자가 대화를 계속하기 어려운 상황일 때 그 사실을 화자에게 알릴 기회를 주는 질문이다.

대화 상대를 확인하는 시점

대화 상대를 확인하는 시점은 프레이밍이 끝난 직후 또는 구조화된 개요가 제시된 뒤에 진행될 수 있다. 두 경우 모두 각각 장단점이 있다.

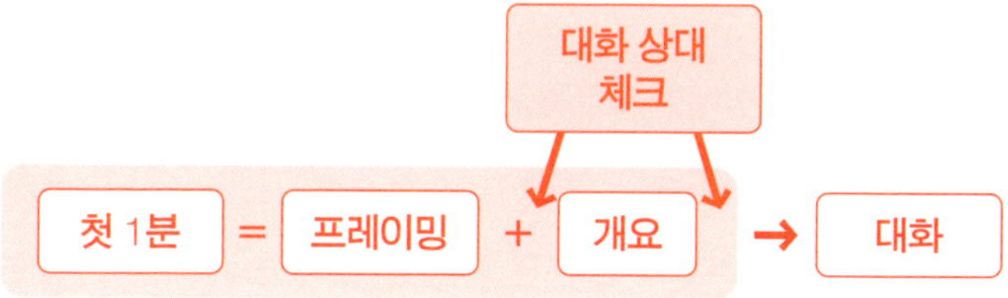

프레이밍 이후(개요 제시 이전)

- **장점**: 청자가 적임자가 아니거나 당장 시간이 없는 경우 대화를 빠르게 끝낼 수 있다.
- **단점**: 청자가 사안의 시급성을 판단하는 데 필요한 정보가 제한적이다. 목표·문제·해결책을 아직 전달받지 못했으므로 화자가 무엇을 요구하는지 완전히 이해하지 못할 수 있다.

구조화된 개요가 제시된 이후

- **장점**: 청자가 화자의 요구 사항과 문제를 이해하는 데 필요한 정보를 충분히 전달받는다.
- **단점**: 대화 상대를 체크하는 시점에 도달하기까지 비교적 긴 시간이 걸린다. 1분은 짧은 시간일 수도 있지만, 상대가 다음 일정이 있는 경우에는 긴 시간으로 느껴질 수도 있다!

어느 시점에서든 화자가 대화 상대를 면밀하게 확인하면 이를 통해 청자는 시간과 주의력을 요구하는 다른 업무와 비교하며 대화의 우선순위를 정할 수 있을 것이다.

적절한 대화 상대를 모르는 경우는?

특정 주제나 문제를 두고 누구와 이야기해야 할지 모를 때가 있다. 이런 상황에서 우선 해결해야 하는 과제는 적합한 연락 대상을 찾는 것이다. 이는 대화를 위한 프레이밍과 구조화된 개요가 문제 자체보다는 문제 해결을 도와줄 적절한 상대를 찾는 데 집중해야 함을 의미한다. 이것은 사소해 보이지만 중요한 차이다.

문제 해결의 적임자를 찾을 때도 프레이밍의 원칙은 동일하게 유지된다. 맥락·의도·핵심 메시지가 사용된다. 다음의 예를 보자.

- **맥락:** 영업 시스템에 접속할 수 없습니다.

- **의도:** 도와주실 수 있나요?

- **핵심 메시지:** 비밀번호 재설정 방법을 아시나요?

대화 상대는 답을 알고 있어서 여러분에게 필요한 정보를 제공하거나 혹은 그 답을 알지 못할 것이다. 답을 모르는 경우는 다른 사람을 소개하거나(예: '안나에게 물어보세요. 영업 시스템을 다루는 모든 요령을 알아요.'), 참고할 만한 정보 부서를 가르쳐주거나(예: 'IT 지원 센터에 확인해 봤나요?'), 기타 해결 방안을 제시할 것이다.

처음 질문한 사람에게서 해결책을 얻지 못하면 다음 질문 상대에게도 같은 프레이밍 메시지를 활용하자.

이런 상황이 어렵게 느껴지고 본인이 하려는 것과 그 이유를 길게 설명하고 싶어지면 낯선 사람에게 길을 물을 때 어떻게 하는지 떠올려 보자. 배경 설명을 장황하게 하는가, 아니면 핵심만 간결하게 질문하는가?

내가 선호하는 방식은 분명하다. 간결하게 질문하고 필요한 도움을 얻어 모두의 시간을 아끼는 것이다.

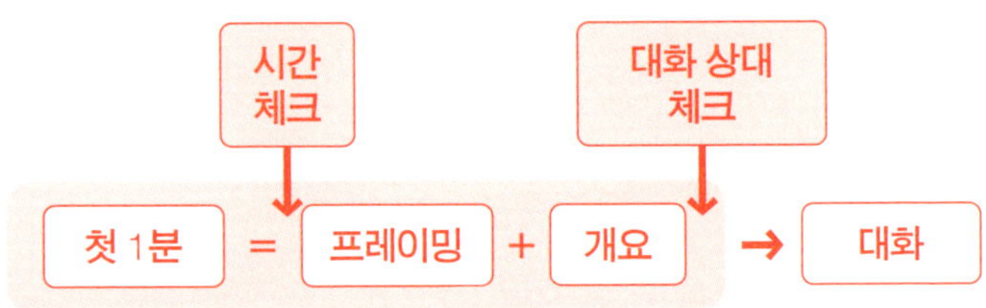

상대방을 대화에 적극적으로 참여시키기 위해서는 대화 시간의 기준을 제시하고 지금이 대화를 나누기에 적절한 시점인지 체크하는 단계를 거쳐야 한다.

대화 상대의 시간과 본인의 평판을 동시에 지키고 싶다면 다음 사항을 준수하자.

- 실제로 필요한 시간을 요청하자.
- 프레이밍과 구조화된 개요를 활용해 빠르고 명확하게 핵심에 도달하자.
- 문제를 해결할 역량이 상대방에게 있다고 지레짐작하지 말자.

청자에게 그런 역량이 있는지 직접 물어보자.

- 청자에게 대화를 계속할지, 아니면 중단할지 선택할 기회를 제공하자.

능력 있는 소통가는 상대방의 시간을 배려하고 메시지를 간결하게 전달하는 습관을 공통적으로 지니고 있다. 업무 대화의 첫 1분에 대화 상대의 시간과 상황을 확인하는 단계를 넣으면 어떤 대화도 효율적으로 시작하게 될 것이다. 이 방법을 실천하고, 또 주변에도 알려주면 동료, 상사를 포함한 모든 업무 파트너들은 당신에게 고마워하게 될 것이다.

지금까지 이 책은 구두 의사소통과 대화에 주로 초점을 맞춰왔다. 그러나 직장 내 의사소통의 상당 부분은 대화뿐 아니라 이메일과 회의를 통해 이루어진다. 다음 장에서는 보다 다양한 상황에서 프레이밍과 구조화된 개요를 적용하는 방법을 살펴본다. 또한 이 두 가지 기법이 이메일, 회의, 면접, 업무 현황 보고, 갑작스러운 보고 요청 등 여러 업무 소통 상황에서 소통의 첫 1분을 어떻게 효과적으로 활용할 수 있는지 구체적으로 알려줄 것이다

5장

다양한 상황에 소통 기법 적용하기

'내용 없는 초대장을 보내면,
내용 없는 답장이 돌아올 것이다.'
−작가 미상

앞서 언급했듯 이 책에서 설명한 기법들은 대화 중심의 의사소통에만 적용되는 것이 아니다. 이메일 작성부터 회의 소집, 상부 보고, 프레젠테이션, 심지어 면접에까지 폭넓게 활용될 수 있다.

이번 장에서는 아래에 나열된 상황에서 프레이밍과 구조화된 개요를 어떻게 활용하는지 살펴보겠다.

- 이메일 작성
- 회의 소집

- 업무 현황 보고

- 예상치 못한 질문 대응

- 상부 보고

- 긍정적인 메시지 전달

- 프레젠테이션 도입부

- 실시간 메시지 작성

- 면접 답변

이메일에 프레이밍과 구조화된 개요를 활용하는 방법

어도비Adobe가 이메일 사용 실태를 조사한 결과, 사람들은 동료와 소통할 때 여전히 이메일을 선호하는 것으로 나타났다.[8] 조사 응답자의 39퍼센트는 동료에게 질문할 때, 57퍼센트는 업무 현황을 보고할 때 이메일을 주요 수단으로 사용했다.

직장 내 주요 소통 수단은 대화에서 이메일로 변했지만 명확함과 간결함의 중요성은 변하지 않았다. 다행히도 프레이밍과 구조화된 개요는 대화와 동일한 방식으로 이메일에도 활용 가능하다. 이 두 기법을 활용하면, 이메일 길이는 줄이고 메시지 명확성을 높일 수 있다.

프레이밍과 구조화된 개요를 이메일에 활용하기 위한 일

반적인 형식은 다음과 같다.

- 맥락은 이메일 제목에 담는다.
- 의도는 제목이나 이메일의 첫 문장에 제시한다.
- 핵심 메시지는 이메일의 첫 문장에 명확히 드러나야 한다.
- 목표·문제·해결책은 본문에서 각각 글머리 기호로 구분하거나 별도의 짧은 단락으로 정리한다.

예시

받는 사람: Diane@work.com

제목: 웹사이트 업데이트 – 우선순위 결정 필요

안녕하세요, 다이앤.

웹사이트 개발팀 업무의 우선순위 결정에 도움을 주실 수 있나요?

목표: 제품 팀에서 웹사이트 로그인 화면에 발생한 문제를 수정해 달라고 요청해 왔습니다. 고객들이 계정 접속이 불가능하다며 항의 전화를 하고 있으므로 긴급히 대응해야 합니다.

문제: 우리 팀은 인력이 부족한 상황이어서 로그인 화면 문제를 해결하려면 다른 업무의 마감일을 늦춰야 합니다.

해결책/요청: 아래에 나열된 업무의 우선순위 결정에 도움을

주실 수 있나요? 어느 업무의 마감일을 미룰 수 있을까요?

업무 #1: 홈페이지 사이드바 메뉴의 레이아웃 변경
업무 #2: PDF 생성 자동화
업무 #3: 문의 페이지에 질문 양식 추가

금요일까지 결정하면 되니 며칠 여유가 있습니다. 궁금한 점이 생기면 전화로 문의해 주세요.
감사합니다.

크리스 드림.

이 이메일에는 프레이밍과 구조화된 개요의 모든 요소가 적용되어 있다.

- **프레이밍:** 이메일의 목적은 본문 첫 줄에 나타나 있다. 맥락은 의도와 더불어 제목에 제시되어 있다. 의도는 본문 첫 줄에 다시 언급되며, 핵심 메시지 역시 본문 첫 줄에 있다.
- **구조화된 개요:** 목표·문제·해결책은 항목명이 굵은 글씨체로 적혀 있어 한눈에 들어온다. 각 항목이 간격을 두고 떨어져 있어 내용을 쉽게 파악할 수 있다.

이메일 본문을 작성할 때 굵은 글씨체의 항목명을 생략하고 구조화된 개요의 목표·문제·해결책을 문장으로만 제시할 수도 있다. 그러나 목표·문제·해결책을 굵은 글씨체로 표시하면 수신자는 각 정보가 이메일에 포함된 이유를 훨씬 분명하게 알 수 있다.

위의 예시에는 한 가지 요소가 더 포함되어 있다. 해결책에 해당하는 항목이 '해결책/요청'이라고 표시되어 있다. '요청'이라는 단어는 해당 항목이 작성된 의도를 더욱 분명하게 밝힌다. 다이앤은 이메일을 훑어보기만 해도 굵게 표시된 항목명이 눈에 들어올 것이며, '요청'이라는 단어는 행동을 요구하는 표현이라는 점에서 특히 눈에 띌 것이다.

다이앤은 결정을 내리기 전에 항목별로 추가 정보를 요구할 가능성이 있고, 그 과정에서 이메일 회신이나 전화 연락이 필요할 수 있다. 그런데 최소한 목표와 문제, 해결 방향이 무엇인지는 분명하게 파악한 상태다.

직장 동료와의 관계 강화를 위한 기회를 최대한 활용하는 것은 분명 중요하지만, 업무 이메일의 주된 목적은 관계 형성이 아니라 업무 처리다. 구두로 나누는 대화와 다르게 업무 이메일은 관계 형성을 위한 표현이나 형식적인 인사말이 반드시 필요하지 않은 경우도 많다. 이는 수신자가 대개 핵심부터 전달되는 메시지를 선호한다는 것을 의미한다.

모든 이메일에는 프레이밍이 필요하다. 즉 제목과 본문의 첫 줄에서 맥락·의도·핵심 메시지는 반드시 드러나야 한다. 그러나 모든 이메일에 GPS 기법으로 작성한 개요가 제시될 필요는 없다.

예를 들어 한 문장으로 질문하는 경우나 기존 메시지에 답장하거나, 그룹 이메일 토론에 참여하거나 피드백을 주는 경우는 GPS 기법을 활용해 구조화된 개요를 굳이 작성할 필요가 없는 것이다.

반면 상대적으로 복잡한 주제를 다룰 때는 그 주제를 명확히 밝히기 위해 첫 번째 이메일에 구조화된 개요를 넣는 것이 좋다. 대신 첫 번째 이메일에 응답하는 후속 이메일에는 개요가 필요 없다. 이메일을 주고받는 과정을 하나의 대화로 생각해 보자. 이메일 대화에서는 수신자가 답장을 보낼 때마다 공식적인 형식을 갖추지 않아도 자연스럽게 소통이 이어진다.

이런 규칙에는 예외가 있다. 이메일 대화가 길어지거나 여러 주제가 뒤섞이기 시작했을 때다. 이메일 대화는 10통 이상으로 금세 길어질 수 있으며, 참여 인원이 많으면 주고받는 답장 수도 그만큼 증가한다. 이 같은 상황에서는 대화가 기존 목표에서 벗어나고 새로운 문제가 불쑥 등장할 수 있다. 이는 특히 대화 도중 새로운 사람이 이메일 대화에 참여할 때 발생할 가능성이 높다.

이런 경우 이메일 대화 중간에 구조화된 개요를 다시 제시하면 도움이 된다. 대화의 목적이 흐려졌거나 목표·문제·해결책의 구분이 모호해졌을 때는 다음 회신에 구조화된 개요를 넣어야 한다. 그러면 최소한 누군가는 현재 상황을 제대로 이해하는지 점검할 것이며, 대개는 많은 사람이 명확한 내용 정리와 문제 재조명에 고마움을 느낄 것이다.

이메일 논의가 길어지면서 목적이 불분명해진 상황이라면, 아래와 같은 형식으로 회신해 논의의 본질을 다시 분명하게 밝히자.

안녕하세요

지금까지 진행한 논의를 바탕으로 우리가 달성하려는 목표를 명확하게 정리하고 싶습니다. 다음 개요가 정확한지 확인해 주시기 바랍니다.

- **목표:** 본인이 이해한 목표 기입
- **문제:** 본인이 이해한 문제 기입
- **해결책:** 본인이 이해한 해결책 기입

혼란스러운 이메일 대화에 참여하고 있다면, 그 혼란을 그대로 방치하지 말자. 대신 간단한 행동을 통해 대화의 핵심을 분명히 밝히는 역할을 맡아보자. 먼저 주제를 요약하고, 요약한 내용이 정확한지에 대한 동의를 대화 참여자들에게 얻은 뒤 대화를 이어가면 된다.

이상적으로는 다수의 회신이 이어진 이메일 대화는 중단하고, 전화나 대면 대화로 논의를 전환하는 쪽이 바람직하다. 이때는 전화 통화나 회의를 구조화된 개요로 시작해 모든 참여자가 논의 주제를 동일하게 인식하도록 해야 한다.

이메일 대화 전달하기

이메일 대화에 구조화된 개요를 포함하는 쪽이 바람직한 상황도 있다. 바로 이메일 대화를 통째로 전달하는 상황이다.

이메일 대화를 새로운 사람에게 그대로 전달하는 경우, 그 수신자가 정보를 찾아 헤매거나 이메일을 전달받은 이유를 추측하도록 만들어서는 안 된다. 또한 그들이 이메일 대화를 처음부터 끝까지 전부 읽을 것이라 기대해서도 안 된다.

복도에서 마주친 누군가가 여러분의 손에 서류뭉치를 쥐여주고 "이것 좀 읽어보세요"라고 말한 뒤 그냥 가버린다고 상

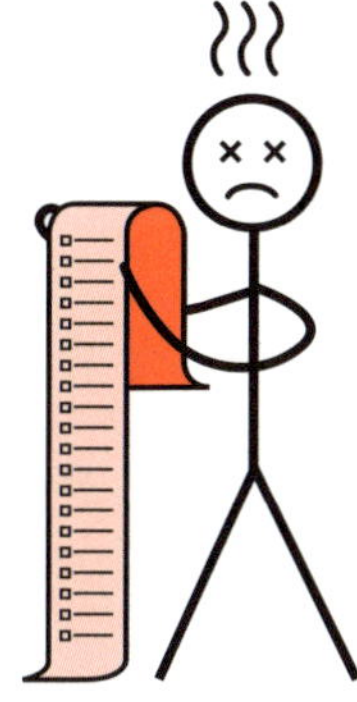

상해 보자. 그런 상황이 기분 좋게 느껴지겠는가? 당신은 매우 기분이 좋지 않을 것이고, 아마 그 서류들을 읽지 않을 것이며, 서류를 전한 사람에 대한 인상 역시 절대로 좋아지지 않을 것이다.

대부분의 사람은 이런 행동이 무례하다는 사실을 잘 알고 있다. 그런데 스무 통 넘게 오고 간 이메일 대화를 다른 사람에게 전달하며 '참고하세요', '아래를 확인하세요', '알아두셔야 할 것 같아 전달합니다' 같은 문구로 시작할 때 바로 그 무례한 일이 벌어진다.

이메일 대화를 전달할 때는 새로운 대화를 시작하는 것처럼 이메일을 작성하자. 맥락을 제공하고, 이메일 대화를 전달하는 명확한 의도를 밝히고, 수신자가 알아야 할 핵심 메시지를 분명하게 제시하며, 개요를 작성해 넣자. 수신자가 정보를 찾아 헤매게 만들지 말자. 개요를 제시하지 않으면 수신자는 이메일을 읽지 않거나, 우리가 전달하려는 핵심을 이해하지 못할 가능성이 매우 높다.

목적이 정보 전달이든, 상부 보고든, 질문이든 상관없이 이메일 대화를 그대로 전달할 때는 구조화된 개요를 반드시 포함해야 한다.

─ 본문이 긴 이메일

이메일은 본래 간략하게 핵심만 전달해야 하는 의사소통 수단이다. 그럼에도 우리는 종종 상당한 내용이 담긴 긴 메시지를 주고받는다. 나 역시 긴 이메일을 읽어야 한다는 생각만 해도 집중력이 떨어진다.

대부분의 사람들은 '받은편지함'에서 긴 이메일은 일단 건너뛰고 나중에 시간이 있을 때 다시 보겠다고 다짐한다. 이메일이 너무 길면 아예 읽지 않는 사람도 있다.

내용이 길고 단락 구분이 없는 글은 읽기 어렵다. 이메일 수신자는 글자로 가득한 이메일을 마주하면 흔히 다음과 같은 이유로 읽지 않는다.

- 이메일을 읽는 데 너무 긴 시간이 걸릴 것 같다.
- 이메일을 지금 당장 읽어야 하는 이유가 보이지 않는다.
- 단락 구분이 명확하지 않다.
- 어디에 집중해야 할지, 어디부터 읽어야 하는지 알 수 없다.

이메일 페이지가 순수한 텍스트로만 구성된 경우, 수신자는 맨 위에서 한 줄씩 읽어 내려가며 핵심 정보나 실행 요구 등을 직접 찾아야 한다. 이처럼 본문이 길고 글자가 빽빽한 이메일은 읽는 데 긴 시간이 소모되고, 다른 주의를 끄는 이메일보다 열람 우선순위에서 밀리게 된다.

문단의 덩어리를 나누고 가독성을 높이는 가장 쉬운 방법은 제목, 글머리 기호, 여백을 추가하는 것이다. 바로 이 지점에서 프레이밍과 구조화된 개요의 장점이 한 가지 더 드러난다. 두 기법은 제목과 글머리 기호를 통해 메시지의 명확성과 가독성을 향상한다.

다음 두 이메일을 읽어보자. 두 이메일은 내용이 정확하게 같지만 두 번째 이메일에는 핵심 메시지와 구조화된 개요의 각 항목에 제목이 달려 있다.

제목: 사무용품 재고 관련

안녕하세요. 존.

다름이 아니라 요즘 사무실에서 업무를 진행하다 보니 여러 가지 불편한 점들이 조금씩 느껴지고 있어서 말씀을 드려야 할 것 같아 이렇게 메일을 드리게 되었습니다. 특히 프린터를 사용하려고 할 때 종이가 없거나, 간단히 메모를 하려는데 포스트잇이나 펜이 부족한 경우가 종종 발생하고 있습니다. 이런 상황이 반복되다 보니 업무 흐름이 끊기기도 하고, 개인적으로는 필요한 물품을 따로 구매해야 하는 상황도 생기고 있습니다. 혹시 현재 사무용품 관련해서 재고를 확인해 보실 수 있는지, 그리고 추후 어떻게 진행하면 좋을지 한번 검토해 주시면 감사하겠습니다. 바쁘시겠지만 확인 부탁드립니다. 감사합니다.

닉 드림

사례 2(좋은 예)

제목: 사무용품 재고 관련

안녕하세요. 존.

현재 사무실의 주요 사무용품 재고가 대부분 소진된 상태라, 업무의 불편함을 방지하기 위해 다음과 같은 사무용품 보충이 필요하여 요청 드립니다.

문제

프린터 용지, 펜, 포스트잇 등 기본 사무용품이 부족해 팀원들이 종종 일부 업무에 차질이 생긴다는 민원을 요청하고 있습니다. 세 가지 물품에 대한 확보가 우선적으로 필요합니다.

요청 내용

현재 내부 비품 재고를 확인한 뒤, 우선적으로 필요한 사무용품을 이번 주 안에 주문해 주실 수 있을까요?

확인 부탁드립니다. 감사합니다.

닉 드림

이메일은 가능한 한 짧게 작성하는 것이 바람직하다. 하지만 목표와 문제, 특히 해결책을 명확하게 설명할 때는 많은 정보가 필요한 경우가 있다. 이런 경우에도 프레이밍과 구조화된 개요의 원칙은 변함없이 적용된다.

먼저 앞에서 설명한 제목과 구조를 활용해 이메일의 뼈대를 잡자. 목표·문제·해결책 가운데 어느 하나가 한 문장이나 하나의 글머리 기호로 충분히 설명되지 않는다면, 해당 항목의 제목 아래에 글머리 기호를 추가해 보완하면 된다. 이때 핵심은 정보를 최대한 쉽게 이해할 수 있도록 배치하고, 메시지의 목적이 무엇인지 분명히 드러내는 것이다.

프레이밍, 구조화된 개요 그리고 시간 및 대화 상대 확인의 원칙은 이메일과 대면 대화 모두에 똑같이 적용된다. 효과적인 의사소통을 위해서는 메시지를 간결하게 전달하는 동시에 상대방에게 응답할 시간과 역량이 있는지도 함께 고려해야 한다.

많은 사람들이 특정 주제를 처음으로 논의하는 이메일을 간결하게 작성하기가 어렵다고 생각한다. 특히 이메일을 쓸 때 받는 사람이 메시지를 이해하려면 이메일에 모든 정보가 포함되어야 한다고 생각할 때 더 그렇다. 이런 유혹에 굴복할 필요는 없다.

동료가 여러분을 찾아와 "오전 10시에 2번 회의실로 오세요"라고 말한 뒤 아무 설명 없이 자리를 떠났다고 상상해 보자. 회의 주제도, 우리가 왜 참석해야 하는지도 알 수 없다.

이런 상황에서 어떤 기분이 들겠는가? 과연 그 회의에 기꺼이 참석하고 싶을까?

이런 일이 자주 일어난다고 생각하기는 어렵지만 실제로 매일 수많은 사람이 정보를 거의 또는 아예 제공받지 못한 채 회의에 초대받는다.

아무 설명도 없는 회의 초대는 무례할 뿐만 아니라 비효율적인 업무의 주된 원인이기도 하다. 루딕 미팅^{Ludic Meeting}이 진행한 연구에 따르면, 회의가 비효율적으로 진행되는 가장 큰 이유는 회의 목적이 불명확하기 때문이었다.[9] 이 연구는 응답자 10명 가운데 단 1명만이 회의 목적을 이해한다고 응답했다. 응답자의 3분의 1은 회의 목적을 가끔 이해하고, 6명 중 1명은 회의가 무엇에 관한 것인지 거의 또는 아예 알지 못한다. 베인 앤드 컴퍼니^{Bain & Company}의 또 다른 연구에 따르면 평균적으로 근무일의 15퍼센트가 회의에 쓰인다.[10] 관리자와 임원이 대상인 경우 이 수치가 35퍼센트 이상으로 증가한다.

그럼에도 불구하고 많은 회의에서 참석자는 여전히 자신이 왜 그 자리에 있는지 모른다. 회의에 쓰이는 시간은 많은데 목적이 불분명한 회의가 반복되기 때문이다. 이런 문제가 널리 알려져 있음에도 불구하고 대부분의 조직은 여전히 최소한의 정보조차 제공하지 않은 채 사람들을 회의에 초대한다.

다행히 회의와 관련된 주요 불만 사항 중 일부는 비교적 간단한 방법으로 해결할 수 있다는 것이다. 회의 초대장에 프레이밍을 변형해 적용하고 구조화된 개요를 함께 제시하면 참석자들은 회의의 주제와 자신이 왜 그 자리에 있어야 하는지 분명히 이해하게 된다.

초대장에 명확한 목적을 제시하자

회의 초대장에 목적이 분명히 제시되지 않으면 초대받은 사람은 왜 참석해야 하는지 알 수 없다. 회의 전에 어떤 준비가 필요한지도 판단할 수 없고, 같은 시간에 잡힌 다른 일정과 비교해 참석 우선순위를 정하기도 어렵다.

회의 초대장은 대화의 시작과 같다. 이번 장 도입부의 예시에서 보았던 것처럼 동료에게 다가가 아무런 맥락이나 이유를 알리지 않은 채 특정 시간에 특정 장소로 오라고 말하지는 않을 것이다. 직접 대면한 자리에서 하지 않을 행동이라면 전자 수단을 활용한 의사소통에서도 하지 말아야 한다.

회의에 초대된 모든 사람은 회의의 목적과 기대되는 결과가 무엇인지 알고 싶어 한다. 회의 결과는 의사결정, 집단 내 정보 공유, 아이디어나 문제 해결책일 수도 있다. 기대되는 결과가 무엇이든 모든 참석자는 회의에 참석하는 동안 함께 무엇을 도출해 낼 것인지 분명히 알아야 한다.

프레이밍은 대면 대화를 시작하는 데 매우 효과적인 기법이며, 핵심 메시지를 회의 목적과 기대 결과라는 두 가지 요소로 치환하면 회의 초대장에도 그대로 적용할 수 있다.

핵심 메시지

회의 프레이밍 = 맥락 + 의도 + 회의 목적 + 회의 결과

- **맥락:** 회의 제목에 포함한다.
- **의도:** 회의 제목에 포함한다.
- **핵심 메시지:** 다음 두 가지 새로운 항목으로 대체한다.

1. **회의 목적:** 회의가 열리는 이유를 한 줄로 설명한다.
2. **회의 결과:** 회의에서 도출될 것으로 예상하는 결과 또는 산출물을 한 줄로 설명한다.

필요한 추가 정보는 회의 결과 항목 뒤에 구조화된 개요 형태로 제공할 수 있다. 이렇게 하면 회의 주제를 간결하게 전달할 수 있고, 참석자들이 회의 전에 필요한 준비를 하는 데에도 도움이 된다.

예시 #1

받는 사람: colleagues@work.com

제목: 신규 프로젝트 시작-참여자 확정 필요

(다음 글은 회의 초대장 본문에 포함된다.)

회의 목적: 새로운 소프트웨어 업그레이드 프로젝트를 시작하고, 해당 업무에 투입할 인원을 정한다.

회의 결과: 프로젝트에 투입할 인원을 간략히 정리한 목록

추가 정보: 구조화된 개요는 여기에 포함된다.

예시 #2

받는 사람: colleagues@work.com

제목: 보건·안전 규정 변경–변경 사항에 대비해야 함

(아래 글은 회의 초대장 본문에 포함된다.)

회의 목적: 보건·안전 지침의 변경 사항을 검토하고, 이를 우리 부서에 적용하는 계획을 세운다.

회의 결과: 새로운 보건·안전 지침을 이행하기 위한 실행 항목의 목록

핵심 메시지/요약: 본사에서 새로운 보건·안전 지침을 발송했다. 새 규정이 시행되기 전까지 한 달의 준비 기간이 있다. 변경 사항은 중대하지 않지만 사전 준비가 필요하다.

추가 정보: 구조화된 개요는 여기에 포함될 수 있고, 포함되지 않을 수도 있다.

두 번째 예시 이메일을 발송한 사람은 핵심 메시지를 유지하면서 회의 목적과 결과를 더하는 방식을 선택했다. 이 방식

은 회의 초대장을 받은 사람이 상황을 보다 명확하게 이해할 수 있도록 돕는 배경 정보를 제공한다. 이는 추가 정보를 전혀 포함하지 않는 방식과 구조화된 개요 전체를 포함하는 방식 사이의 중단 단계에 해당한다. 핵심 메시지에 담긴 정보만으로 초대 대상자가 회의를 명확히 이해할 수 있다면, 구조화된 개요 전체를 추가하는 대신 이 방식을 선택해도 된다.

이 예시들이 보여주듯, 회의 초대 이유를 전달하는 데 많은 설명이 반드시 필요한 것은 아니다. 글머리 기호 두세 개만으로도 회의의 기본 배경과 초대 목적을 충분히 전달할 수 있다.

마지막으로 이 구조를 사용할 때는 제목의 굵은 글씨체를 유지하는 것이 좋다. 가독성이 높아지고, 초대 내용을 빠르게 이해하는 데 도움이 된다.

시간 & 수신 확인은 어떻게 해야 할까?

이메일로 회의에 초대할 때는 시간과 수신자를 체크할 필요가 없다.

대면 대화에서는 청자가 대화를 나중으로 미룰지 판단할 수 있어야 하므로 시간 체크가 필요하다. 그러나 이메일 회의 초대장에는 시간 체크가 필요하지 않다. 수신자가 편한 시간에 초대장을 읽고, 필요하면 나중에 다시 확인할 수 있기 때문이다.

회의 초대장 수신자를 체크하는 단계 또한 필요하지 않은데 수신자가 보내는 답장이 그 단계의 역할을 대신하기 때문이다. 수신자는 회의 참여를 수락하거나, 거절하거나, 아직 확답할 수 없다는 내용으로 답장할 것이다. 필요한 경우 회의에 대해 질문할 수도 있다.

의제는 어떻게 해야 할까?

통념에 따르면 모든 회의에는 의제가 있어야 한다. 회의에 목적이 하나뿐이고 그 목적이 특정 문제 해결이라면, 회의 목적과 회의 결과가 명시된 초대장이 곧 의제다. 여기에 별도의 형식적 의제를 추가하는 일은 회의 주최자에게 불필요한 업무를 부과하고, 참석자에게 읽어야 할 문서를 하나 더 늘리는 결과가 된다.

회의에서 주제를 여러 개 다루는 경우 의제는 각 주제를 명확히 정리하는 데 도움이 된다. 주제별로 발표자가 다른 경우 의제는 회의에서 주제들이 다뤄지는 순서를 미리 파악하는 데 유용하다. 의제가 있더라도 프레이밍의 원칙은 유효하다.

논의되는 주제가 다양하더라도, 회의에는 그런 다양한 주제를 묶는 공통 주제가 존재한다. 회의 초대를 위한 프레이밍은 그 공통 주제와 관련되어야 한다. 그리고 여러 주제를 포함한 대화를 프레이밍하는 방식과 동일하게 의제에 포함된 각 주제는 필요에 따라 주제별로 프레이밍과 구조화된 개요를 갖출 수 있다.

회의 중에는 마치 대화를 새롭게 시작할 때처럼 의제의 각 항목을 소개하고, 프레이밍과 구조화된 개요의 모든 원칙과 기법을 활용해야 한다.

의제

의제1 : 프레이밍

의제2 : 프레이밍

의제3 : 프레이밍

의제4 : 프레이밍

명확한 목적과 도입부로 효율을 향상시키자

회의를 효과적으로 시작하면 회의의 효율이 높아질 가능성이 커진다. 회의 초대장에 회의 목적, 회의 결과, 구조화된 개요를 포함하면 회의의 첫 몇 분을 효과적으로 시작할 수 있는 도입부가 완성된다.

회의 초대장을 작성할 때는 프레이밍과 구조화된 개요를 활용하고, 회의가 시작될 때도 그 내용을 그대로 적용하면 좋다. 초대장에 이미 포함된 내용이라 하더라도 회의를 시작할 때 이를 다시 확인해야 하는 데에는 여러 이유가 있다.

- 모든 사람이 회의 초대장을 읽는 것은 아니다. 모든 참석자가 회의 목적을 안다고 생각하지 말자.
- 초대장을 읽었더라도, 며칠 또는 몇 주 전에 확인했을 가능성이 크며 세부 내용까지 기억하고 있지는 않을 수 있다.
- 명확한 도입부는 참석자들이 지금 다루는 회의 주제에 빠르게 집중하도록 돕는다.
- 참석자들의 이해가 같은 방향을 향한다. 모든 사람이 목표·문제·해결책에 대해 동일한 설명을 듣는다. 모두 같은 출발선에서 논의를 시작하면 불필요한 추측을 줄이는 데 도움이 된다.
- 초대장 내용을 다시 확인하는 과정은 참석자들이 질문을 통해

목표·문제·해결책을 검증하고 명확히 할 기회를 제공한다. 불확실한 사항을 회의 초반에 정리하면 이후 논의가 훨씬 수월해진다.

- 회의에 대한 긴장을 낮춘다. 회의 진행에 부담을 느끼는 참석자에게는 논의에 자연스럽게 진입할 여유를 제공하며, 사전에 준비한 노트를 읽는 것만으로도 도입부를 안정적으로 시작할 수 있다.
- 구조화된 개요에 해결책과 기대되는 회의 결과가 포함돼 있으면, 문제의 이력을 되짚는 데 드는 시간이 크게 줄어든다. 참석자들은 처음부터 문제 해결에 집중한 상태로 회의를 시작하게 된다.

나는 쉬는 시간 없이 회의에 연달아 참석해야 하는 역할을 수년간 맡아왔다. 그런 환경에서는 몇 분 안에 전혀 다른 주제로 사고를 전환해야 했고, 회의를 직접 이끄는 경우에는 그 전환이 더욱 어려웠다. 다음 회의를 시작할 때도 이전 회의의 논의가 머릿속에 남아 있었기 때문이다.

회의 주제가 뒤섞이는 것을 막고 흐름을 안정적으로 유지하기 위해 나는 회의 초대장에 담긴 내용을 간단히 정리하며 회의를 시작하곤 했다. 이는 사고를 지금 당장 다뤄야 할 주제로 빠르게 전환하는 데 큰 도움이 되었다. 동시에 초대장이 곧 회의에서 사용할 대본이 된다는 사실을 깨닫게 되었고, 그 이후로는 초대장을 더욱 명확하고 완성도 높게 작성하게 되었다.

회의 초대장을 체계적으로 작성해 두면 회의 시작은 훨씬 수월해진다.

내용 없는 회의 초대장을 전달하지 말자

누군가를 회의에 초대하기는 아주 쉽다. 마우스만 몇 번 클릭하면 초대장이 전송된다. 원격 근무와 전화·화상 회의가 보편화되면서, 회의실 크기가 참석 인원을 제한하던 시대는 끝났다. 회의에 사람을 초대하는 장벽이 낮아지자, 일정표는 개인 업무와 관련 없는 회의들로 가득 채워지게 되었다.

회의 초대장을 전달하는 것 자체는 문제가 아니지만 내용이 없거나 불분명한 초대장을 전달하는 것은 문제다. 내용 없는 회의 초대장이 전달되면 수신자들은 회의 주최자에게 추가 정보를 요청하는 것, 참석 요청을 무시하는 것, 회의 목적을 파악하기 위해 참석하는 것 가운데 하나를 선택해야 한다. 수신자가 어느 선택을 하든, 초대장 발송자는 결과적으로 의사소통 역량이 부족한 사람으로 인식이 될 가능성이 높다.

반대로 초대장에 필요한 정보를 명확히 담아 전달하면, 회의 목적을 다시 묻는 이메일이 줄어드는 분명한 장점이 있다.

회의에 불필요한 참석자 줄이기

회의 초대장에는 수신자를 체크하는 단계가 필요 없지만, 회의 도입부에 참석자를 체크하는 단계를 포함하면 큰 도움이 된다.

초대장에 회의 관련 정보를 충분히 적어둬도 일부 수신자는 그 내용을 제대로 읽지 않는다. 이런 일은 우리가 생각하는 것보다 자주 발생한다. 초대장을 제대로 읽지 않은 수신자는 왜 자신이 초대되었는지 궁금해하며 회의 내내 앉아 있을 가능성이 높다. 이는 그들에게 시간 낭비이고, 회의에서 기대하거나 필요로 하는 의견을 얻지 못한 회의 주최자에게도 시간 낭비다. 이런 결과는 회의 주최자가 그동안 쌓아온 평판을 해칠 수도 있다.

프레이밍과 구조화된 개요를 활용해 회의를 시작한 뒤 참석자를 체크하면, 다음과 같은 이점을 얻을 수 있다.

- 회의 초반은 참석자가 회의의 목적, 배경, 개요를 명확히 이해하려는 목적으로 질문하기에 적절한 시점이다.

앞의 두 가지 이점은 굳이 설명하지 않아도 이해가 간다. 세 번째 이점은 회의 주최자를 불편하게 할 수도 있다. 애초에 사람들을 회의에 참석시키는 것도 어려운데, 참석자에게 굳이 회의를 떠날 기회를 줄 필요가 있을까?

각자의 행동과 결과에 책임을 지는 전문적인 업무 환경이라면 모든 사람은 그 회의에서 무엇을 얻을 수 있는지 또는 기여할 수 있는지를 스스로 판단할 수 있어야 한다. 중요한 점은 이런 방식이 효과적으로 작동하려면 참석자가 정보에 근거해 판단할 수 있을 만큼 충분한 정보가 먼저 제공되어야 한다는 것이다.

회의 도입부를 전달한 뒤에는 참석자 체크 단계를 통해 참석자들이 회의 참석 여부를 스스로 결정할 수 있도록 기회를 제공하자. 이 단계를 실행하는 가장 간단한 방법은 '이 회의가 본인의 역할과 맞지 않는다고 판단되면 편하게 나가셔도 됩니다'라고 안내하는 것이다.

프레이밍과 구조화된 개요를 함께 제시하면 참석자는 자

신이 그 회의에 얼마나 관여해야 하는지 판단할 수 있다. 정보가 제공된 뒤에는 각 참석자가 해당 회의에 꼭 참석해야 하는지 스스로 결정하면 된다.

이는 다소 황당하게 들릴 수도 있고, 모든 참석자가 갑자기 자리를 떠날 것처럼 느껴질 수도 있다. 그러나 한두 명이 빠질 수는 있어도, 대부분은 자리에 남는다. 자리를 떠나는 사람들은 자기 시간을 더욱 가치 있는 일에 쓰기로 선택하며, 본인과 회사 양쪽에 도움이 되는 행동을 하는 셈이다.

그러나 나는 이 방식이 모든 상황에 적합한 것은 아니라는 점 또한 솔직히 인정한다. 어떤 이유로든 특정 참석자가 회의에 반드시 있어야 한다는 것을 알고 있다면, 그들을 회의에 남아야 하는 사람으로 지목해야 한다. 회의에 꼭 필요한 참석자가 자리를 떠나도록 두어서는 안 된다. 그 외 모든 사람에게는 자리를 떠날 선택권이 주어진다.

일부 참석자는 회의에서 나가기가 부담스러워서 그대로 남아 있기를 선택할 수 있다. 그 참석자들이 이번 논의에는 필요하지 않다고 판단되는 경우, 회의와 그들의 역할이 맞지 않을 것 같다고 설명한 뒤 자리를 떠나고 싶은지 물을 수 있다.

어떤 경우에도 항상 명확한 이유를 제시하자. 예를 들어 "안녕하세요, ○○님. 오늘은 ○○님과 직접 관련된 안건은 다루지 않습니다. 원하시면 남아 계셔도 되지만, 회의에서 나가셔도 괜찮습니다"라고 말할 수 있다. 그러면 일부 참석자는 그 기회를 이용해 떠나고, 다른 일부는 자리에 남는다. 어느 쪽이든 괜찮다. 중요한 점은 회의 참석을 강제하지 않는다는 것이며, 누구도 회의 주최자가 다른 사람의 시간을 낭비한다고 비난할 수 없다.

회의 참석자를 확인하는 단계는 정기 회의처럼 회차마다 주제가 바뀌며, 모든 참석자가 매번 참석할 이유는 없는 회의에서 특히 유용하다. 참석자 확인 단계를 활용해 사람들에게 시간을 돌려주면, 그들은 분명 고마워할 것이다.

또 하나의 부수적인 효과도 있다. 참석 여부를 스스로 결정한 사람들은 그 선택에 책임을 느끼게 되고, 그 결과 회의에서의 참여도 역시 눈에 띄게 높아진다.

회의 초대장을 이메일 쓰듯이 작성해야 할까?

회의 초대 메시지는 이메일처럼 '○○에게'로 시작해도 되고, 그렇지 않아도 된다. 어떤 방식으로 시작할지는 선택의 문제다. 이는 작성자의 개인적 선호와 취향에 달렸다.

나는 회의 초대장을 회의 목적이 제시된 문장으로 바로 시작하며, '○○에게' 같은 문구는 건너뛸 것을 권한다. 여기에는 두 가지 이유가 있다.

1. 회의에는 보통 여러 사람이 참여하므로, 회의 초대장을 한 사람의 이름으로 시작하는 것은 어색하다. 메시지 첫머리에 초대 대상자의 이름을 전부 나열하는 방식 또한 비현실적이다.
2. 많은 사람은 회의 초대장을 휴대전화로 확인한다.

프레이밍의 체계적인 형식이 다소 딱딱하게 느껴진다면, 핵심 정보를 먼저 제시한 뒤 개인적인 메모나 이메일 형식의 문장을 덧붙이면 된다.

5장 다양한 상황에 소통 기법 적용하기

이전에 직접 발송한 회의 초대장을 찾아보자. 앞으로 발송할 초대장도 좋다. 업무 일정표를 참고해 가까운 시일 내에 열릴 회의를 선택하는 것이 좋다.

- 초대장은 회의 내용을 명확히 전달하는가?
- 초대장은 지금까지 설명한 요소들을 모두 포함하고 있는가?

그렇지 않다면 회의의 목적, 기대하는 결과, 핵심 메시지와 개요가 포함되도록 초대장을 다시 작성하자.

작성을 마친 초대장은 모든 참석자에게 기존 초대장을 업데이트하는 방식으로 재발송하자. 회의 업데이트를 발송하기가 부담스럽게 느껴질 수도 있다. 그러나 많은 사람은 내용이 명료해진 초대장에 고마워할 것이며, '받은편지함'에 이메일 하나가 더 추가된다고 해서 크게 불쾌해하지 않는다.

기존의 회의 초대장을 업데이트하고 싶지 않다면, 다음에 보내는 회의 초대장부터는 반드시 위에서 언급한 형식을 활용하자. 과거를 고칠 수는 없지만, 미래를 위해 긍정적인 변화를 만들 수는 있다.

회의는 직장에서 반복적으로 마주하는 대표적인 도전 과제다. 우리는 내용이 없거나 불분명한 회의 초대장을 자주 받고, 충분한 설명 없이 시작되는 회의도 흔히 경험한다. 회의 초대장은 새로운 소통의 출발점이므로, 대면 대화를 시작할 때와 같은 방식으로 프레이밍과 구조화된 개요가 적용돼야 한다.

회의 초대장에는 맥락, 의도, 회의 목적, 회의 결과를 제목으로 넣자. 의제를 포함한다면 각 주제가 프레이밍되어 있는지 확인하자.

앞으로는 회의 초대장을 작성하고 '보내기' 버튼을 누르기 전에 잠시 내용을 살펴보고 위에서 설명한 형식이 적용되었는지 검토하자. 그렇게 하면 참석자들은 더 많은 정보를 바탕

으로 회의에 참여하게 되고, 회의의 분위기와 생산성 역시 눈
에 띄게 달라질 것이다.

그동안 우리는 다양한 상황의 사례를 살펴보며 여러 유형의 업무 대화와 의사소통에서 첫 1분을 효과적으로 시작하는 방법을 설명했다. 그런데 앞에서 구체적으로 언급하지 않은 상황에서도 프레이밍과 구조화된 개요는 여전히 유용하다. 이번 섹션에서는 다음과 같은 상황에서 두 기법을 활용하는 지침을 제공할 예정이다.

- 업무 현황을 보고할 때
- 예상하지 못한 질문에 답변할 때

- 상부에 문제를 보고할 때

- 긍정적인 메시지를 전달할 때

- 프레젠테이션할 때

업무 현황 보고하기

업무 현황을 보고할 때 프레이밍과 구조화된 개요를 활용하는 방법은 이 책의 여러 부분에서 이미 설명했다. 여기서는 그 핵심만 간단히 정리하겠다.

업무 현황을 보고할 때는 각각의 보고 대상을 별도로 프레이밍해야 한다. 아니면 여러 주제를 포함한 대화를 프레이밍하는 방식을 적용해도 된다. 각 보고 대상을 별도로 프레이밍하며 맥락·의도·핵심 메시지를 명확히 밝히자.

업무 현황 보고는 현재 진행 중인 업무 또는 최근 완료한 업무를 다룬다. 향후 진행할 업무는 현재 진행하는 업무와 같은 방식으로 보고하면 된다. 모든 업무 현황 보고는 문제 해결이나 목표 달성을 위한 실행 방안에 초점을 맞춰야 한다.

업무 현황 보고를 위한 구조화된 개요를 작성할 때는 앞에서 설명한 단계와 원칙을 그대로 적용하면 된다. 청자가 프로젝트를 이해하고 있더라도 대화에서 다루는 특정 문제에는 익숙하지 않을 수 있다. 청자가 그 문제도 이미 잘 안다면, 목표와 문제는 간략하게 제시하자. 그 대신 현황 보고의 대부분을 해결책과 향후 실행 방안에 집중하자. 이렇게 하면 화자와 청자의 이해 수준을 맞출 수 있을 만큼 청자에게 정보를 충분히 제공하는 동시에, 청자가 이미 아는 내용을 설명하느라 시간을 허비하지 않을 수 있다.

만약 청자가 목표나 문제를 잘 모른다면, 구조화된 개요에서 그 항목들을 좀 더 자세히 설명해야 한다. 그러나 논의의 초점은 여전히 해결책에 두어야 하는데, 논의의 가치가 해결책에서 나오기 때문이다. 청자의 이해 수준에 맞게 목표와 문제가 충분히 설명되지 않으면, 그 해결책은 설득력을 갖지 못할 것이다.

이런 균형을 맞추는 과정에는 때때로 오류가 발생한다. 그러나 대화 상대를 체크하는 단계를 두면 대화 초반에 청자가 추가 설명이 필요한 부분을 질문할 수 있다. 개요가 완벽하지 않더라도 개요 없이 대화를 시작할 때보다는 주제를 설명하기가 훨씬 수월한 것이다.

문제가 아닌 해결책에 집중하자

조직에서 상위 직급자에게 업무 현황을 보고할 때는 문제 설명이 장황해지기 쉽다. 가능하면 이런 식의 설명은 피하자. 상위 직급자는 당신의 문제 극복을 위한 노력을 긍정적으로 평가할 수는 있지만, 그보다는 문제 해결 여부에 관심이 더 많을 것이다. 문제에 매몰되어 시간을 낭비하지 말고 해결책에 집중하자.

해결책도 문제만큼 장황하게 설명하기 쉽다. 이는 이해할 만한 행동인데, 문제를 극복하는 과정에서 이룬 성과를 드러낼 기회이기 때문이다. 앞에서 언급한 자동차 정비사와의 대화에서도 그랬듯 청자는 문제가 이미 해결되었는지, 혹은 그렇지 않다면 그 문제가 언제 해결될지를 우선적으로 알고 싶어 한다. 그리고 그 과정에서 누가 어떤 역할을 맡고 있는지도 알고 싶어 한다.

구조화된 개요에서 향후 실행 계획을 해결책으로 제시하는 경우, 그 내용을 핵심만 요약해 간결하게 설명하자. 따로 요청받지 않았다면, 문제 해결 계획을 단계별로 상세히 설명할 필요는 없다. 개요를 먼저 제시한 뒤 세부 사항에 대한 질문은 청자에게 맡기면 된다. 궁금한 점이 있다면 청자가 먼저 질문할 것이다.

이 원칙은 상위 직급자뿐 아니라 동료나 하위 직급자와 업무 현황을 공유할 때도 동일하게 적용된다. 먼저 개요를 제시하고 향후 실행 방안에 초점을 맞춘 뒤, 필요할 때 질문을 받는 방식이 가장 효율적이다.

1분이면 충분하다

업무 현황 보고는 대부분 1분이면 충분하다.

현황 보고에는 문제 해결을 목표로 수행된 모든 조치의 세부 내용과, 현재 상태가 양호함을 입증하는 사항들이 빠짐없이 나열되어야 한다는 잘못된 통념이 있다. 어떤 이유에서든 우리는 관리자나 팀원이 모든 세부 사항을 알고 싶어 하거나, 알아야만 한다고 믿는다. 이런 까닭에 업무 현황 보고는 때때로 한 시간 넘게 이어진다.

5장 다양한 상황에 소통 기법 적용하기

업무 현황 보고에는 프레이밍, 구조화된 개요, 회의 참석자 체크만 적용해 보자. 그 외 기법은 아무것도 적용하지 말자. 질문은 줄어들고, 회의 시간은 단축된다는 점에 놀랄 것이다.

우리는 때로 예상하지 못한 상황에서 질문을 받거나, 갑작스러운 설명을 요청받는다. 회의 도중 갑자기 질문에 답해야 할 수도 있고, 누군가가 자리로 와서 무언가를 부탁할 수도 있다. 어떤 상황이든, 준비되지 않은 채로 맞닥뜨리는 일은 대부분 유쾌하게 느껴지지 않는다. 이런 상황은 흔히 두서없이 횡설수설하는 답변으로 이어지기 쉽다.

예상치 못한 질문이나 요청을 받았을 때, 프레이밍과 구조화된 개요를 활용하면 명확하고 간결하게 답변하는 데 도움이 된다. 잠시 호흡을 가다듬고 프레이밍의 세 가지 요소(맥락·의도·핵심 메시지)와 구조화된 개요의 세 가지 요소(목표·문제·해결책)를 떠올린 뒤 순서대로 답변하자. 두 기법의 구조를 답변의 틀로 삼으면 된다.

답변을 프레이밍하면 질문의 의미를 명확히 짚거나 핵심을 확인하는 데 도움이 된다. 다음 사례를 살펴보자.

관리자: "이번 달 매출이 예상보다 낮았던 원인이 무엇인지 설명할 수 있나요?"

당신: "이번 달 매출이 예상보다 낮았던 이유는…(핵심 메시지와 목표·문제·해결책 삽입)"

위의 사례처럼 답변할 때 질문을 되짚어 말하면, 질문을 정확히 이해했음을 보여주는 동시에 답변의 맥락과 의도를 드러낼 수 있다. 답변의 후반부에는 한 문장짜리 핵심 메시지와 GPS(목표·문제·해결책) 기법으로 작성한 구조화된 개요를 제시하면 된다.

위의 사례와 같은 질문을 받으면 방어적으로 행동하기 쉽다. 결국은 무언가가 잘되지 않은 이유를 설명해 달라는 요청을 받은 것이며, 인간은 본능적으로 그러한 상황을 정당화하려고 시도하기 때문이다. 구조화된 개요를 활용하면 해결책에 집중하게 되므로, 감정적인 반응이나 변명에서 쉽게 벗어날 수 있다.

이때 답변은 더 나쁜 결과를 막는 방안 또는 단기적인 결과 개선을 목표로 실행 중인 방안을 설명하는 데 집중하면 된다. 이런 답변은 모두 긍정적이며 더 나은 결과를 얻는 데 초점이 맞춰져 있다.

늘 그렇듯 이 규칙에도 예외는 있다. 잘 모르는 주제에 관한 발언을 요청받거나 질문을 받으면, 그 답변은 곧바로 프레이밍하거나 개요를 작성할 수 없을 것이다. 그러니 모른다는 사실을 솔직하게 말하고 지금 당장은 답변할 수 없다는 점에 우선 양해를 구하자. 그다음 정보를 확인해 가까운 미래의 적절한 시점에 공유하겠다는 등 해결책을 제안하자(예: 추후 이메일로 보내거나 다음 회의에서 업데이트를 제공하는 등의 방법).

상부 보고는 문서부터 준비하자

앞서 이야기한 상부 보고의 경우를 다시 떠올려 보자. 이 경우 조직의 상위 직급자가 직접 조치를 취해야 할 때, 그리고 상황을 파악해야 할 때 발생한다. 이 두 가지 상황은 이전 장에서 '정보 공유'와 '도움 요청'과 관련된 사례를 통해 이미 다뤄졌다.

상부에 문제를 보고할 때는 원활한 의사소통을 위해 프레이밍과 구조화된 개요를 반드시 활용해야 하며, 그 이유는 다음과 같다.

- 핵심에 더 빠르게 도달할 수 있다.
- 프레이밍과 구조화된 개요는 사실에 기반한다. 이는 감정적인 표현이나 변명이 개입될 가능성을 낮추며, 보고를 받는 상위 직급자가 상황을 객관적으로 평가하는 데 도움이 된다.
- 구조화된 개요는 문제 제기가 아닌 문제 해결에 집중한다. 이는 문제에 대한 대응 방안을 명확히 제시하는 방향으로 이끈다.

상부 보고를 구두로 진행한다면, 개요를 미리 작성해 문서로 만들어 가져가자. 어떠한 단계도 건너뛰지 말자. 특히 해결책 부분은 절대 생략해서는 안 된다. 해결책은 상부 보고에서 전달하는 전체 메시지의 핵심이다.

상부 보고용 이메일을 보낼 때는 앞에서 언급한 기법을 적용해 명확하고 간결하며 체계적으로 이메일을 작성하자.

문제를 해결할 방안이 도출되지 않아 구조화된 개요의 '해결책' 항목을 도움 요청에 사용하는 상황일지라도, 구조화된 개요는 여전히 유용한 도구다. 문제를 빠르고 명확하게 규정하며 가능한 해결책을 논의하는 데 많은 시간을 확보해 주기 때문이다.

긍정적인 메시지 전달

이 책에 제시된 많은 예시는 부정적인 상황에 초점을 맞춘다. 이는 의도된 것이다. 대부분의 업무는 문제를 극복하고 도전 과제를 해결하는 것이기 때문이다. 한편으로 업무는 목표를 달성하는 것이기도 하므로, 우리는 그 성취를 축하해야 한다.

좋은 소식을 전할 때라고 해서 사람들이 길고 두서없는 설명을 잘 받아들이는 것은 아니다.

누군가를 칭찬하거나 인정할 때도 부정적인 사안에 대해 소통할 때처럼 핵심에 빠르게 도달하는 것이 중요하다. 이유를 빨리 알수록 함께 축하할 시간이 늘어나기 때문이다.

좋은 소식을 전달할 때는 문제를 이야기할 때와 동일한 규칙을 따른다. 맥락을 제시하고, 의도를 명확히 밝히며, 핵심에 빠르게 도달하자.

프레젠테이션

프레젠테이션은 슬라이드를 사용하거나 많은 사람 앞에서 말하는 형식이지만, 여러 면에서 대화와 유사하다. 업무에서 프레젠테이션을 하는 이유로는 정보 제공, 도움 요청, 제안에 대한 피드백 받기, 의사결정 도출 등이 있다(영업이나 마케팅 목적은 제외). 이런 이유는 업무 대화의 목적과 동일하며, 여기에도 프레이밍과 구조화된 개요의 원칙이 적용된다.

프레젠테이션을 제작하는 방법은 이미 온라인에 정보가 많으므로 여기서 그 내용을 반복하거나 반박하려는 것은 아니다. 다만 프레이밍과 구조화된 개요가 프레젠테이션 제작에 도움이 되는 이유는 두 기법이 프레젠테이션 도입부를 구성할 수 있는 형식을 제공하기 때문이다.

프레젠테이션 도입부에서 청자는 맥락을 제공받아야 하고, 화자의 의도와 프레젠테이션의 전체 메시지를 파악해야 한다. 이런 정보는 회의 초대장을 통해 이미 제공되었을 수도 있고 그렇지 않았을 수도 있다. 청자가 그 정보를 이미 가지고 있든 아니든, 프레젠테이션 도입부에서 다시 제공하는 것이 바람직하다. 이는 회의실 내 모든 사람이 목적을 동일하게 이해한 상태에서 논의를 시작하도록 돕는다.

도입부가 끝난 뒤에는 평소와 같은 방식으로 프레젠테이

션을 진행하면 된다. 다만 이 조언은 업무용 프레젠테이션에 적용된다는 점을 기억하자. 청자를 즐겁게 하기 위한 프레젠테이션이나 TED 강연 스타일의 프레젠테이션에는 이런 기법이 적용되지 않을 수 있으니까.

실시간 메시지

많은 기업은 직원 간 의사소통을 위해 사내에서 실시간 메시지 애플리케이션을 사용한다. 몇 가지 예로 스카이프Skype, 슬랙Slack, 마이크로소프트 팀스Microsoft Teams, 플록Flock, 챗워크Chatwork 등이 있다. 이 책을 읽는 시점에는 언급된 애플리케이션 가운데 일부는 사라졌을 가능성도 있고, 반대로 다른 일부는 대중에게 널리 확산되었을 가능성도 있다. 중요한 점은 개인 간 메시지 애플리케이션이 업무 소통에서 핵심적인 도구로 활용된다는 것이다.

조직에서 어느 메시지 애플리케이션을 사용하든, 프레이밍과 구조화된 개요의 원칙은 여전히 유효하다. 애플리케이션으로 보내는 메시지는 성격이 이메일보다 대화에 훨씬 가깝다. 메시지가 상대방에게 바로 전달되다 보니 내용을 한꺼번에 보내기보다 서로 주고받으며 소통할 수 있다.

물론 실시간 메시지는 인사말과 가벼운 잡담으로 대화를 시작할 수는 있지만, 업무 이야기로 들어가면 시간 체크, 프레이밍, 구조화된 개요, 대화 상태 체크가 여전히 필요하다.

대면 의사소통과 마찬가지로 실시간 메시지를 보낼 때는 대화에 소요되는 시간, 논의할 내용, 상대방에게 요구하는 행동, 핵심 내용을 간략히 정리한 개요를 밝혀야 한다.

실시간 메시지 애플리케이션이 격식 없게 느껴진다고 해서, 소통 방식의 명확성까지 낮아져도 되는 것은 아니다. 이 책에서 설명한 원칙을 따른다면, 어떤 소통 수단을 활용하든 메시지는 명확하고 간결할 것이다.

첫 1분이 특히 중요한 순간이 있다면, 그것은 바로 새로운 일을 구하는 면접이다. 현재 조직 내에서 새로운 직무에 지원하든, 완전히 새로운 직장에 지원하든, 좋은 첫인상을 남기는 것은 무척 중요하다. 면접은 첫 1분을 성공 또는 실패로 이끄는 순간으로 가득하다!

대부분의 기업이 의사소통을 세 가지 핵심 역량 중 하나로 꼽는 만큼, 지원자는 면접에서 논리적이고 명확하며 간결하게 소통할 수 있는 역량을 증명해야 한다.

다행스럽게도 면접은 프레이밍과 구조화된 개요를 적용해

자신의 소통 능력을 효과적으로 입증할 수 있는 최적의 기회다. 면접이 30분에서 90분가량 진행되는 동안, 우리는 다음과 같은 표현으로 시작되는 질문을 받을 것이다.

-
-

이런 질문을 받았을 때, 사례의 배경 정보와 맥락을 충분히 설명할 만큼의 시간은 주어지지 않는다. 따라서 면접관의 질문에 직결되는 사례의 핵심으로 곧장 들어가야 한다. 현재 직장에서 여러분의 업무를 이미 잘 아는 사람과 면접을 진행하는 상황이 아니라면, 면접관은 우리가 답변으로 준비한 사례에 아무런 배경지식이 없다.

프레이밍과 구조화된 개요를 활용하면 어떤 상황이든 1분 이내에 설명할 수 있다. 두 기법은 답변할 때 쓰기에 가장 효과적인 형식을 제공한다.

면접관은 우리가 어려운 상황에서 어떻게 행동하는지, 업무 중 마주하는 도전 과제를 어떻게 해결하는지를 알고 싶어 한다. 달성해야 했던 목표, 그 과정에 직면했던 문제, 문제를 해결하기 위해 실행한 방안을 신속히 체계적으로 요약해 제시하는 것보다 더 효과적인 방법이 있을까?

프레이밍을 제대로 하면, 면접관이 여러분의 사례를 듣고 받아들일 준비를 하기까지는 몇 초밖에 걸리지 않는다.

프레이밍을 면접 답변에 적용하는 방법은 다음과 같다.

- **맥락:** 어려웠던 상황을 일반적인 용어로 설명하자. 현재 소속된 팀 외부에서는 의미가 통하지 않는 프로젝트나 시스템 명칭은 피하자.
- **의도:** 그 상황에서 달성해야 했던 목표가 무엇이었는지 정확히 설명하자.
- **핵심 메시지:** 어려웠던 상황을 설명할 때, 그 상황의 핵심 메시지는 무엇인가? 보통 우리가 극복한 문제나 도전 과제가 이에 해당한다.

다만 성과가 좋지 않았던 경험을 설명할 때는 이런 원칙이 적용되지 않는다(일부 면접에서는 실패한 경험을 묻는다). 이런 경우는 부정적인 결과나 실패를 요약해 핵심 메시지로 제시할 수 있다.

답변을 프레이밍한 뒤에는 구조화된 개요를 활용해 사례를 명확하고 간결하게 전달하자.

- **목표**: 어려웠던 상황에서 이루려 한 목표를 설명하자. 여기서 말하는 목표는 회사의 목표 또는 우리가 도왔던 다른 사람의 목표까지 모두 해당한다. 이는 프레이밍 단계에서 설명하는 내용과 다소 겹칠 수 있지만, 그래도 괜찮다. 프레이밍 단계에서 했던 말을 그대로 반복하지만 않으면, 오히려 사례와 관련된 정보를 효과적으로 전달하는 데 도움이 된다.
- **문제**: 우리가 회사 또는 다른 사람이 목표를 달성하지 못하도록 가로막았던 문제를 설명하자.
- **해결책**: 문제를 극복하기 위해 우리가 무엇을 했는지 간략히 설명하자. 다른 사람이 겪은 문제를 설명하는 경우라면, 그 문제가 해결되도록 우리가 어떤 행동을 했는지 설명하자.

1분 이내로 개요를 제시한 뒤에는 문제 극복과 목표 달성을 위해 어떤 방안을 실행했는지 자세히 설명하면 된다. 모든 면접 답변이 그러하듯, 질문과 관련된 내용만 말하고 충분히 설명했다 싶으면 그 지점에서 답변을 마무리해야 한다.

다음은 전형적인 면접 질문과 답변 사례이며, 답변에는 프레이밍과 구조화된 개요가 활용되었다.

예시 #1: 업무 중 겪었던 어려운 상황과 이를 극복한 방법을 설명하십시오.

- **맥락:** 저는 중요한 신규 고객과 계약을 진행하고 있었습니다.
- **의도:** 고위 관리자에게 계약 승인을 받아야 했습니다.
- **핵심 메시지:** 저와 연락이 닿는 고위 관리자가 아무도 없었고, 올해 최대 규모의 계약을 놓칠 위기에 놓여 있었습니다.
- **목표:** 중요한 고객과 최종 계약을 체결하려면 당일 안에 임원 승인을 받아야 했습니다. 정해진 마감 기한을 지키지 못하면 해당 고객을 경쟁사에 빼앗길 상황이었습니다.
- **문제:** 당일 안에 계약을 체결하지 않으면 고객을 경쟁사에 빼앗길 상황이었지만, 임원진은 외부 회의 중으로 절대 방해하지 말라는 지시가 내려져 있었습니다.
- **해결책:** 영업 부사장의 비서에게 긴급 연락처가 있는지 먼저 확인하고, 상사에게도 연락해 지원을 요청했습니다. 고객에게는 계약 서명까지 몇 시간 더 걸릴 수 있다고 미리 안내했습니다. 시간이 예상보다 오래 걸리는 경우에도 고객이 당황하지 않도록 대비하기 위해서였습니다. 상사가 영업 부사장과 연락

위의 답변은 단 몇 줄만 읽어도 무슨 일이 있었으며 왜 힘든 상황이었는지 파악할 수 있다. 프레이밍은 설명하려는 상황의 핵심 요소와 해결이 필요한 문제를 명확하게 드러낸다. 구조화된 개요에는 문제가 좀 더 구체적으로 드러나며, 해결책 항목에서 그 문제를 풀기 위해 실행한 여러 방안이 제시된다. 해결책 항목을 구성하는 각 문장은 핵심만 담고 있어 주제에서 벗어나거나, 불필요한 세부 사항을 거론하거나, 지나치게 파고들며 설명하는 내용이 없다.

위의 답변은 2분 이내에 충분히 전달할 수 있다. 답변이 이처럼 간결하면, 중간에 면접관의 입장을 체크하는 단계를 추가할 시간적 여유가 생긴다. 면접관에게 답변을 더 듣고 싶은지, 답변에서 좀 더 명확하게 알고 싶은 내용이 있는지 확인할 수 있다.

개요를 제시한 뒤 답변을 멈추면, 면접관은 답변의 특정 내용을 구체적으로 확인할지, 아니면 다음 질문으로 넘어갈지 선택할 수 있다.

많은 사람들이 면접관이 알 필요 없거나 신경 쓰지 않는 세부 내용까지 덧붙여 길게 답변한다. 그러면 결국 본인을 채용해야 하는 이유를 면접관에게 설명할 수 있었던 시간을 불필요하게 소모하게 된다.

예시 #2: 누군가를 돕기 위해 평소보다 더 많이 노력했던 경험을 설명하시오.

- **맥락:** 저는 월간 고객 보고서를 제출하는 마감 기한에 쫓기고 있었습니다.
- **의도:** 마감일 오후에 보고서 제출을 완료할 계획이었습니다.
- **핵심 메시지:** 팀에 새로 합류한 팀원 케리에게서 지원 요청을 받고, 저는 보고서 작업을 마무리할지 케리를 도울지 정해야 했습니다.
- **목표:** 케리는 다음 날 관리자들 앞에서 처음으로 발표해야 했습니다. 발표 자리에는 모든 부서장이 참석할 예정이었고, 케리는 그 발표가 역량을 드러낼 좋을 기회라고 생각했습니다.
- **문제:** 케리는 업무를 맡은 지 얼마 되지 않은 상태였습니다. 그 업무는 케리가 합류하기 전부터 성과가 좋지 않았고, 케리는 고위 임원들을 상대로 부정적인 소식을 발표해야 한다는 점을 부담스러워했습니다. 저는 케리의 발표 준비를 지원하려면 하루를 거의 다 써야 할 것 같았는데, 그러면 제가 지켜야 하는

마감 기한을 놓칠 상황이었습니다.

- **해결책:** 먼저 우선순위가 낮은 회의를 다른 날로 미루고 오후 시간을 비워서 케리의 발표 준비를 도왔습니다. 케리는 저를 상대로 발표 연습을 했고, 제가 가진 프로젝트 관련 정보를 반영해 슬라이드를 다듬었으며, 예상 질문에 대한 답변도 준비했습니다. 케리가 발표 준비를 끝낸 뒤, 저는 다시 보고서 작업으로 돌아가 마감을 완료했습니다. 그날 저녁 몇 시간 더 일해야 했지만, 케리가 발표를 훌륭히 해냈기 때문에 충분히 가치 있는 시간이었습니다.

이 예시에서 프레이밍은 지원자와 지원자가 직면했던 상황에 초점을 맞춘다. 이는 제시되는 사례에서 지원자가 왜 다른 사람을 돕기 위해 평소보다 더 노력했는지 이해할 수 있도록 돕는 맥락을 제공한다.

위의 구조화된 개요는 지원자의 목표가 아니라 도움이 필요했던 사람인 케리의 목표를 설명한다는 점에서 이전 예시와 다르다. 문제 항목은 케리가 겪은 문제를 요약하는 동시에, 그 문제가 지원자가 겪은 어려움과 어떻게 연결되는지 보여준다. 내가 어려움을 겪지 않았다면, 누군가를 돕기 위해 평소보다 더 많이 노력했다고 말할 수 없다. 문제와 해결책은 케리를 돕는 과정과 지원자 자신의 부담을 동시에 보여주며, 협업과 책임감을 자연스럽게 드러낸다.

면접 전에 준비하자

프레이밍과 구조화된 개요를 능숙하게 활용할 수 있다면, 즉석에서 면접 답변을 구조화하는 것도 가능하다. 이는 미처 준비하지 못한 질문을 받았을 때 도움이 된다. 그러나 일반적으로는 자주 나오는 질문을 예상하고, 그에 맞춰 답변할 사례를 미리 준비해 두는 것이 바람직하다.

답변을 준비할 때는 프레이밍과 구조화된 개요를 활용해 사례를 글로 작성하고, 그렇게 작성된 글이 자주 나오는 질문의 답으로 적절한지 검토해야 한다. 질문 의도에 맞춰서 핵심이 부각되도록 사례를 조금씩 다르게 프레이밍해야 할 수도 있다.

하나의 사례로 여러 면접 질문에 대답할 때는 이전 답변에서 제시한 목표와 문제에 기반해 후속 답변을 프레이밍하면 된다. 그러면 시간을 절약한 덕분에 지원자의 역량을 드러내는 해결책 항목으로 빠르게 넘어갈 수 있다.

두 기법을 면접 답변에 적용할 때는 모든 문장을 과거형으로 바꾸는 것이 중요하다. 면접에서는 현재형이 아닌 과거형으로 말해야 한다. 그 외 원칙은 모두 기존과 동일하게 적용된다.

면접은 강한 긴장감과 압박 속에서 진행되므로, 평소 의사소통 역량이 제대로 드러나지 않는 경우가 많다. 프레이밍과 구조화된 개요를 활용하면 면접관에게 명확하고 간결하게 답변하며 뛰어난 의사소통 역량을 보여줄 수 있다.

명확한 의사소통은 첫 1분에서 시작된다

모든 대화의 성패는 첫 1분에 달렸다. 첫 1분 안에 청자의 몰입도와 이해도, 향후 실행 방안이 결정된다. 대화 도입부가 명확하게 구조화되어 있지 않으면, 청자가 혼란에 빠지고 시간이 허비되어 기대한 결과가 도출되지 않을 수 있다.

메시지 전달력을 극대화하려면 청중이 그 내용을 받아들일 수 있도록 미리 준비시키는 과정이 필요하다. 대화 소요 시간을 사전에 알리면, 청자는 앞으로 짧은 대화를 나눌지, 긴 논의를 이어 나갈지 파악할 수 있다. 프레이밍을 통해 청자의 주의를 집중시키고 맥락을 설명한 다음, 제공한 정보로 청자가 무엇을 하길 바라는지 알린 뒤 핵심 메시지를 신속히 전달하자.

청자가 메시지를 받아들일 준비를 마쳤다면, 주제를 명확히 구조화한 개요로 청자의 관심을 끌자. 업무 대화는 대부분 문제 해결과 목표 달성을 중심으로 이루어진다. 목표를 명확하게 제시하는 문장으로 주제를 요약하자. 이는 대화 상대가 우리가 추구하는 목표를 이해하는 데 도움이 된다.

목표 달성을 가로막는 문제를 간단히 설명한 뒤, 그 문제에 대한 해결책을 제시하자. 이때 해결책은 실제 해결 방안일 수도 있고, 해결책을 찾기 위한 지원 요청일 수도 있다. 둘 중 어느 쪽이든 개요는 과거가 아닌 미래에 초점을 두는 것이 바람직하다.

청자를 일부러 긴장시키거나 즐겁게 하는 발표가 아니라면, 주제를 처음에 짧게 요약해 주는 것이 좋다. 이를 통해 청자는 전반적인 내용을 한눈에 파악할 수 있다. 주제는 아무리 복잡하더라도 단 몇 줄로 요약할 수 있다.

마지막으로 의사소통은 두 사람 이상이 함께하는 과정이라는 점을 잊지 말자. 화자는 주제에 대해 말할 준비가 되었더라도, 청자는 그렇지 않을 수 있다. 청자가 대화에 참여할 역량과 시간적 여유를 갖추고 있는지 꼭 확인하자. 청자에게 대화를 지금 이어서 할지, 나중으로 미룰지, 혹은 다른 적임자를 연결할지 선택할 기회를 제공하자.

이 책에서 설명한 기법들은 단순하지만 이를 능숙하게 활용할 수 있으려면 시간과 연습 그리고 다양한 상황에서의 적용 경험이 필요하다. 청자에게 전달하기에 앞서, 각 메시지의 프레이밍과 구조화된 개요를 글로 작성해 보면 도움이 된다. 1~2분만 투자해 적어 두면, 이후부터는 매일 간결하고 효율적으로 대화하면서 투자한 시간을 여러 배로 되돌려받을 것이다.

시간이 지나면 맥락, 의도, 핵심 메시지, 목표, 문제, 해결책을 중심으로 생각하는 것이 훨씬 쉬워질 것이다. 그러면 프레이밍과 개요를 대화 전에 굳이 작성해 두지 않고도 바로 활용할 수 있게 되지만, 특별한 상황에서 메모를 준비하는 쪽을 선택할 수도 있다.

나는 주제가 복잡하거나 대화가 특히 중요한 상황에서는 여전히 나만의 개요를 작성한다. 중요도가 높은 상황일수록 사전 준비를 해두는 것은 늘 도움이 되었으며 불이익이 된 적은 없었다.

내가 가진 정보를 여러분과 공유할 수 있어 영광이다. 지금까지 소개한 기법을 제대로 활용한다면, 명확하고 효율적인 소통을 바탕으로 훌륭한 성과를 도출할 수 있을 것이다.

이 책은 훌륭한 사람들에게서 소통 방법을 배우며 보낸 15년 여정의 결실이다. 이와 동시에 다른 사람들이 훌륭한 소통가로 성장하도록 돕는 새로운 여정의 시작이기도 하다. 이 책과 이 책에 담긴 모든 성과는 수많은 동료의 도움과 조언과 헌신 덕분에 가능했다.

대니얼은 나에게 가장 값진 두 가지 선물을 선사했다. 글을 쓸 수 있는 시간과 내가 무언가 의미 있는 것을 만들어낼 수 있다는 믿음이다. 우리가 이사를 하고, 직장을 옮기고, 대륙을 넘나들며 세 살배기 아이를 돌보는 중에도 내게 어떻게 시간을 선물해 줬는지 나는 아직 잘 모르겠다. 그것도 전 세계가 팬데믹을 겪던 시기에 그 모든 일을 해냈다는 사실이 더욱 놀랍다. 분명히 말할 수 있다. 대니얼이 없었다면 이 책은 존재하지 않았을 것이다.

롭 앨번은 새로운 여정을 시작하는 나에게 추진력을 실어 줬다. 교육과 훈련 그리고 현재 집필 활동에 이르기까지의 모든 성과는 내가 타인과 공유할 만한 가치 있는 무언가를 지니고 있고, 사람들을 더 나은 소통가로 성장시킬 수 있으며, 그러한 과정 자체를 즐기게 될 것이라는 앨번의 굳건한 믿음에서 비롯했다. 나의 본모습을 나 자신보다 더 잘 알아봐 준 점에 깊이 감사한다.

프리센 프레스의 킴 샤흐트와 편집팀은 나의 글을 다듬어 독자가 읽을 수 있는 형태로 완성해 주었다. 첫 번째 편집 과정을 거치는 동안 이들의 도움이 꼭 필요했다는 사실을 깨달았고, 이 선택에 후회는 없다. 킴 샤흐트와 편집팀의 조언과 수정 덕분에 이 책은 모든 독자에게 가치 있는 책이 되었다.

훌륭한 독자들의 의견이 없었다면, 이 책은 내용과 구성이 미흡했을 것이다. 브라이언 촙, 알레한드라 아일원-콜메나레스, 바버라 스미스, 데이비드 크라우제, 푸르나 라지, 헬렌 그린허프, 바르가비 바라나시에게 감사드린다.

카를로스 드 폼메스는 명확한 의사소통의 첫 번째 원칙을 나에게 가르쳐주었다. 그때의 교훈은 거의 20년 동안 내 곁에 머물며 이 책에 담긴 아이디어의 토대가 되었다.

마지막으로 키네틱, 오렌지, 리서치 인 모션, 삼성, 프랑스 텔레콤, 페리텀, 인모션 호스팅 그리고 앤섬에서 함께 일했던 동료들에게 감사의 말을 전하고 싶다. 동료들과 실제 상황에서 수백 시간에 걸쳐 소통하며 나는 이 책에 소개한 아이디어를 습득하고 직접 시험해 볼 수 있었다. 동료들 모두는 나에게 영감을 주었고, 배움의 기회를 주었으며, 나를 더 나은 사람으로 성장시켰다.

- McCormack, Joseph. *[Brief] Make a Bigger Impact by Saying Less*. Hoboken, NJ: John Wiley and Sons, 2014.
- Frank, Milo. *How to Get Your Point Across in 30 Seconds or Less*. New York: Pocket Books, 1986.
- Kendall, Rob. *Work Storming: Why Conversations at Work Go Wrong, and How to Fix Them*. London, UK: Watkins Media Inc., 2016.
- Borg, James. *Persuasion, The Art of Influencing People 2nd Edition*. Harlow, UK: Pearson Education Limited, 2007.

주석

1) "Cost of Poor Internal Communications – Business Case for Effective Internal Communications, Siemens Enterprise Communications," Sept. 20, 2012, https://www.slideshare.net/ldickmeyer/cost-of-poor-internal-communications-912.

2) John Beeson, "Why You Didn't Get That Promotion," Harvard Business Review, June 2009, https://hbr.org/2009/06/why-you-didnt-get-that-promotion.

3) E. T. Klemmer, F. W. Snyder, "Measurement of Time Spent Communicating," Journal of Communication, Volume 22, Issue 2, June 1972, 142–158, https://doi.org/10.1111/j.1460-2466.1972.tb00141.x.

4) Kristi Hedges, "The Do-Over: How To Correct A Bad First Impression," Forbes, Feb. 10, 2015, https://www.forbes.com/sites/work-in-progress/2015/02/10/the-do-over-how-to-correct-a-bad-first-impression/#2784dc7255f6.

5) "What is Information Processing?" Study.com, last visited Sept. 25, 2020, https://study.com/academy/lesson/what-is-information-processing-definition-stages.html.

6) "How Does the Brain Process Information?" Teach-nology.com, last visited Sept. 20, 2020, https://www.teach-nology.com/teachers/methods/info_processing/.

7) "BLUF," Wikipedia, last visited Sept. 20, 2020, https://en.wikipedia.org/wiki/BLUF.

8) "Email Usage – Working Age Knowledge Workers (US Trended Results), SlideShare, last visited Sept. 20, 2019, https://www.slideshare.net/adobe/2019-adobe-email-usage-study2019 Adobe Email Usage Study.

9) "The State of Meetings in 2020," LUCID, last visited Sept. 20, 2020, https://www.lucidmeetings.com/state-of-meetings-2020.

10) Michael Mankins, Chris Brahm, and Greg Caimi, "Your Scarcest Resource," Harvard Business Review, May 2014, https://hbr.org/2014/05/your-scarcest-resource.

더 퍼스트 미닛

초판 1쇄 2026년 2월 13일

지은이 크리스 페닝
옮긴이 김주희

발행인 박장희
대표이사 겸 제작총괄 정제원
본부장 이정아
책임편집 조한별

기획위원 박정호

마케팅 김주희 이현지 이나경 한륜아

디자인 데일리루틴

발행처 중앙일보에스(주)
주소 (03909) 서울시 마포구 상암산로 48-6
등록 2008년 1월 25일 제2014-000178호
문의 jbooks@joongang.co.kr
홈페이지 jbooks.joins.com
인스타그램 @j__books

ⓒ 크리스 페닝, 2026
ISBN 978-89-278-8153-7 (03190)

중앙북스는 중앙일보에스㈜의 단행본 출판 브랜드입니다.